FALKEN
BÜCHEREI

Harald Elschenbroich

Tennis

Technik · Taktik · Regeln

FALKEN VERLAG

Wer Tennis über das Anfängerstadium hinaus zur „Perfektion" lernen möchte, der greife zu den im Falken-Verlag erschienenen Büchern von Richard Schönborn: „Die neue Tennis-Praxis" (Nr. 4097), Wilfried Taferner: „Tennis kompakt" (Nr. 5116), Guy Lam: „Moderne Tennis-Technik" (Nr. 4187) und Richard F. Green: „Erfolgreiche Tennis-Taktik" (Nr. 4086).

ISBN 3 8068 0375 7

Fotos: M. Schirner, Harald Elschenbroich, Fila

Gesamtherstellung: Neuwieder Verlagsgesellschaft mbH, Neuwied

151 413

Inhalt

Vorwort

Tennis ist kein Elite-Sport mehr – Tennis ist Volkssport. Die Zahlen beweisen es: Gab es 1965 in Deutschland noch 248 954 aktive Tennisspieler, so waren es 1982 bereits 1 517 329. Und immer neue Freunde des Tennissports kommen hinzu. Ihnen soll dieses Buch helfen, sich mit den Grundbegriffen theoretisch schon einmal vertraut zu machen.

Wenn Sie dieses Buch gelesen und Ihre ersten eigenen Tenniserfahrungen gesammelt haben, werden Sie sich wahrscheinlich wundern. Manche Schläge, die Sie bei bekannten Tennisspielern beobachten, sehen so ganz anders aus, als die, die Sie gelernt haben. Seien Sie trotzdem beruhigt: Voraussetzung und Grundlage für all diese Variationen sind die gleichen Schläge, die ich in diesem Buch beschreiben werde.

Tennis ist ein faszinierender Sport. Für viele Spieler ist er zur Leidenschaft geworden; sie könnten sich ein Leben ohne Tennis nicht mehr vorstellen.

In erster Linie aber ist Tennis ein gesunder Sport, den Sie das ganze Jahr hindurch ausüben können. Es ist eine der wenigen Sportarten, die Sie in jedem Alter erlernen und trainieren können. Ob Sie nun Ihr sechsjähriges Kind zum Gruppentraining schicken, oder ob Sie sich mit 60 Jahren noch ein wenig körperlich betätigen wollen – beim Tennis sind Ihnen keine Grenzen gesetzt. Tennis wird Sie – regelmäßig gespielt – ein Leben lang „fit“ halten.

Björn Borg

Wo kann man Tennis spielen?

Im Laufe der Jahre sind immer mehr Tennis-Clubs entstanden, so daß Sie heutzutage die Möglichkeit haben, sich den Club auszusuchen, der Ihnen am meisten entspricht.
Während man früher nur in den großen Städten Gelegenheit zum Tennisspielen fand, gibt es inzwischen fast in jeder kleineren Stadt – wenn nicht sogar auf dem Lande – Tennisanlagen.
Bei der Suche nach einem geeigneten Club werden Sie auf rein sportlich ausgerichtete Vereine stoßen und auf andere, die gleichzeitig gesellschaftlicher Treffpunkt sind.
Es liegt an Ihnen bzw. an Ihrem Portemonnaie, ob Sie in einem spartanisch einfachen Club ausschließlich Tennis spielen wollen, oder ob Sie den Luxus suchen. Es gibt Anlagen, auf denen Sie von der Sauna bis zum geheizten Swimmingpool alles finden.
Bevor Sie sich jedoch für den einen oder anderen Club entscheiden, sollten Sie dort ein paar Testbesuche machen. Sehen Sie sich die Plätze an, essen Sie einmal in dem Club, suchen Sie Kontakte.
Gefällt Ihnen die Anlage? Behagt Ihnen die Atmosphäre im Club? Als Mitglied sollten Sie sich in Ihrem neuen Kreis wie zu Hause fühlen.
Die Aufnahmegebühren sind von Club zu Club verschieden. Es gibt kleine Vereine, in denen Sie schon für 60,– DM Mitglied werden können, während Sie in exclusiven Clubs mit Aufnahmegebühren bis zu 2000,– DM rechnen müssen.
Ebenso unterschiedlich sind die Jahresbeiträge: zwischen 50,– und 1000,– DM können verlangt werden.
Wenn Sie sich nicht sofort entschließen können, Mitglied in einem

Club zu werden, so bieten manche Vereine die Möglichkeit, eine Jahres- bzw. Saisonkarte zu lösen. Diese berechtigt Sie, eine Saison lang Gast in dem jeweiligen Club zu sein und alle Annehmlichkeiten, die der Club bietet, voll zu nutzen. Manche Clubs stellen ihre Plätze auch stundenweise zur Verfügung. Für etwa 8,– bis 20,– DM erhalten Sie eine entsprechende Gastkarte.
Eine weitere Möglichkeit, Tennis zu spielen, ohne sich an einen Club zu binden, gibt es auf Mietanlagen, die inzwischen vielerorts entstanden sind und auf denen die Plätze jedermann stundenweise zur Verfügung stehen.
Steht Ihr Entschluß jedoch fest, Mitglied eines bestimmten Clubs zu werden, so gibt es einiges zu bedenken. Wartefristen beispielsweise. Viele Clubs haben Aufnahmesperren; je größer und bekannter der Club ist, desto lebhafter ist auch der Andrang. In manchen Vereinen werden Bürgen verlangt – Mitglieder, auf deren Empfehlung Sie in den Club eintreten möchten. Es ist also in jedem Fall ratsam, sich lange vor Saisonbeginn nach den Bedingungen zu erkundigen. Die Antragsformulare bekommen Sie normalerweise im Club-Sekretariat.

Der Tennisplatz

In Deutschland wird vorwiegend auf roten Sandplätzen gespielt. Sie brauchen sehr viel Pflege und sind daher in der Instandhaltung entsprechend teuer. Nach jedem Match müssen die Plätze abgezogen, gesprengt und die Linien gesäubert werden.

Neben roten Sandplätzen gibt es Zement- und Kunststoffplätze. Sie ermöglichen ein wesentlich schnelleres Spieltempo, sind pflegearm, wirken sich jedoch durch ihre Härte ungünstig auf Muskulatur, Gelenke und speziell auf den bei vielen Spielern angegriffenen Rücken aus.
Es gibt viele Arten von Belägen, die für Tennisplätze hergestellt werden. Bis der ideale gefunden ist, müssen noch viele ausprobiert werden.
In England ist das Tennisspielen auf Rasen (Lawn-Tennis) sehr verbreitet. Das Spiel auf diesen Plätzen ist durch die Elastizität des Bodens ideal, jedoch im Vergleich zum herkömmlichen Sandplatz viel schneller. Für einen Spieler, der den Sandplatz gewöhnt ist, ist es nicht immer leicht, sich auf diesen schnellen Boden umzustellen.
In Wimbledon, dem Tennis-Mekka, werden alljährlich die inoffiziellen Tennis-Weltmeisterschaften ausgetragen, und zwar auf Rasenplätzen, die das ganze Jahr hindurch nur für dieses berühmte Turnier gepflegt und nur für dieses Tennisereignis freigegeben werden. Viele Wimbledon-Teilnehmer – alles Weltklassespieler – nehmen vorher extra an kleineren Turnieren in England teil, um sich an die Rasenplätze zu gewöhnen.
Tennis ist mittlerweile kein reiner Sommersport mehr. Den Winter über wird in Tennishallen gespielt, die fast jeder Club anbieten kann. Es gibt festgebaute Hallen, in denen meistens auf Kunststoffböden gespielt wird, und Ballonhallen, die nach Saisonende über den normalen Plätzen errichtet werden. Mit einem Motor wird so lange Luft in den Ballon gepumpt, bis die Halle ihre

Standfestigkeit erreicht hat. Innen sind sie meist recht komfortabel mit Heizung, Licht und Entlüftung ausgestattet.

Das Spielfeld auf der Abbildung gibt die Maße eines Tennisplatzes wieder. Die Größe ist genormt. Der Platz ist rechteckig und hat eine Länge von 23,77 m und eine Breite von 8,23 m.

Das Feld wird in der Mitte des Platzes durch ein Netz geteilt, das mit einem Metallseil rechts und links an den Spitzen zweier Pfosten befestigt wird. Diese beiden Pfosten stehen jeweils 0,91 m außerhalb des Spielfeldes. Die Höhe des Netzes beträgt in der Mitte 0,91 m und wird dort durch einen Gurt (Netzhalter) gehalten.

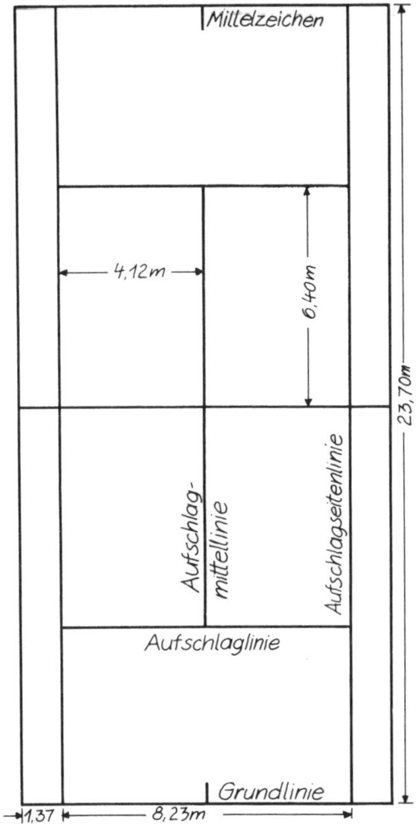

Die Linien, die das Spielfeld an den Enden begrenzen, sind die *Grundlinien.* Die Seiten werden durch die *Seitenlinien* bzw. Parallellinien begrenzt. Die Linie, die parallel zu Grundlinie und Netz liegt, ist die *Aufschlaglinie.* Die von der Aufschlaglinie im rechten Winkel zum Netz verlaufende Linie ist die *Aufschlagmittellinie.* Der Raum zwischen Aufschlaglinie, Aufschlagmittellinie, Aufschlagseitenlinie und Netz ist das *Aufschlagfeld.* In der Grundlinie ist eine 10 cm lange Markierung zu sehen. Sie teilt die Grundlinie in zwei gleiche Teile. Die Linienbänder sollen eine Breite von 2,5–5 cm haben. Bei offiziellen Turnieren und beim Davis-Cup muß seitlich ein Auslauf von mindestens 3,65 m und hinter der Grundlinie von 6,4 m vorhanden sein.

Einkaufsbummel vor dem Tennisspiel

Beim Kauf Ihres Schlägers sollten Sie nicht auf die Mark schauen. Einen guten Schläger hat man jahrelang, weil er eine Menge aushält.
Bis vor ca. 10 Jahren wurde ausschließlich mit dem aus Holz gefertigten Schläger gespielt.

Holzschläger kosten zwischen 25,– und 280,– DM

Obwohl in jüngster Zeit gute Stahl- bzw. Kunststoffschläger entwickelt wurden, erfreut sich der Holzschläger nach wie vor großer Beliebtheit.

Einem Anfänger würde ich zunächst zu einem Holzschläger raten, da dieser billiger ist als ein Stahl- bzw. Kunststoffschläger, und weil man mit ihm bei den ersten Versuchen bessere Fortschritte erzielen kann.

Beim Metallschläger ist das Treffen des Balls in der Mitte der Schlagfläche von größter Wichtigkeit, um dem geschlagenen Ball

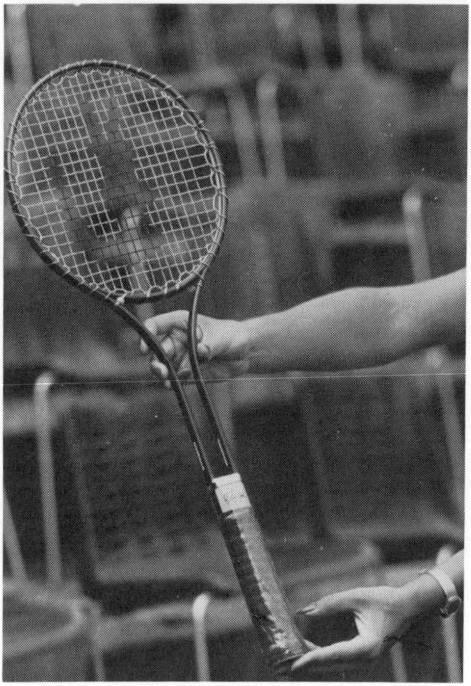

Metallschläger sind zu Preisen zwischen 80,– und 380,– DM zu bekommen

Für Kunststoffschläger bezahlt man etwa 100,– bis 530,– DM

die gewünschte Richtung zu geben. Beim Holzschläger hingegen trägt die starre Schlägerfläche dazu bei, daß in vielen Fällen ein nicht ganz rein getroffener Ball dennoch nicht zu einem Fehlerpunkt wird.
Viele fortgeschrittene Spieler, die das Angriffstennis bevorzugen, wenden sich dem Stahl- bzw. Kunststoffschläger zu, weil diese Rackets dem Ball eine größere Geschwindigkeit geben.
Außer den oben beschriebenen Schlägern gibt es noch den Glasfiber-Holzschläger. Dieser Schläger ist flexibler und hat eine längere Lebensdauer als der Holzschläger; er ist jedoch teurer als der reine Holzschläger.
Für Fortgeschrittene bestimmt ist der „Head Professional". Dieser Schläger wird hauptsächlich von Spielern bevorzugt, die das Angriffstennis lieben. Aufschlag, Smash und speziell der Volley

erhalten eine erhöhte Geschwindigkeit durch den Aluminium-Profilrahmen aus Alcoa 7005. Der in Tropfenform hergestellte Schlägerkopf gibt dem Schläger eine ausgewogene Balance und verringert die Gefahr des Verreißens, wenn der Ball einmal nicht genau in der Mitte getroffen wurde. Der in einem Guß gefertigte Urethangriff verhindert Schwingungen von Rahmen zum Arm. Zur Saitenschonung trägt ein eingelegter Nylonschutzstreifen bei. Der Rahmen bleibt weitgehend formstabil, das heißt, er kann sehr oft wieder mit einer neuen Saite bespannt werden, ohne daß er sich – wie es oft beim Holzschläger der Fall ist – verzieht.

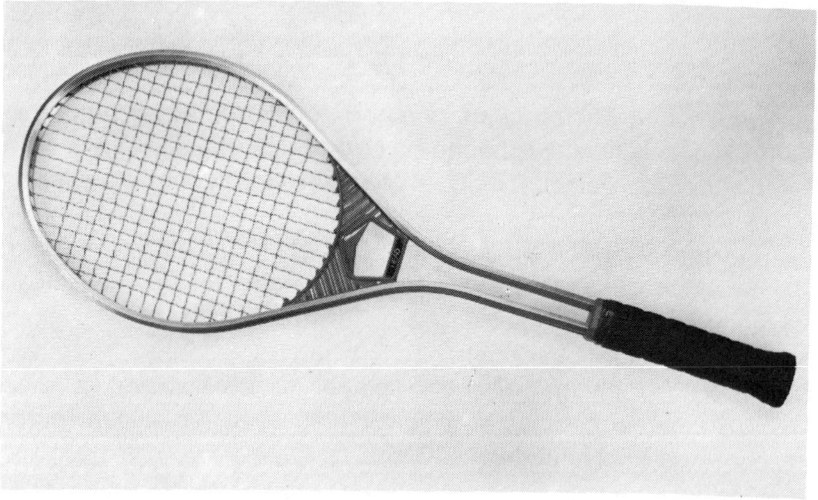

Der Head Professional-Schläger kostet ohne Bespannung ca. 300,– DM.

Großkopfschläger bekommt man schon für 150,– DM. Allerdings reicht die Preisspanne bis zu 1500,– DM.

Lassen Sie sich bezüglich der Griffstärke Ihres Schlägers von Ihrem Trainer oder in einem guten Fachgeschäft beraten. Die Griffstärken gehen von 2 bis 10, wobei der dünnste Griff mit Nummer 2 bezeichnet ist.

Um festzustellen, welche Griffstärke für Sie die richtige ist, packen Sie den Schläger in Hammerhaltung beim Griff. Die Stärke ist dann richtig, wenn sich der Zeigefinger mit dem Daumen fast berührt.

Als Mann sollten Sie Ihren Schläger mit einem Gewicht von 13½ Unzen = 378 g bis 14 Unzen = 392 g wählen.

Als Dame brauchen Sie einen Schläger, der zwischen 12 Unzen = 336 g und 13 Unzen = 364 g beträgt.

Für Kinder errechnet sich das Gewicht des Schlägers aus den obengenannten Zahlen entsprechend ihrem Alter und ihrer Größe, wobei ich für Kinder zwischen 5 und 6 Jahren Schläger mit verkürzten Griffen empfehle. Sie sind leichter und für Kinder besser zu handhaben.

Für die ganz Kleinen schlage ich das sog. Speckbrett vor, einen kleinen Schläger ähnlich dem Tischtennisschläger, nur stabiler. Die Kinder ahmen damit die Erwachsenen nach und erhalten schon frühzeitig das für das Tennisspiel so wichtige Ballgefühl.

Ihren Schläger haben Sie nun gewählt, und es erhebt sich die Frage der Bespannung. Man unterscheidet zwei Arten:

1. Die Darmsaite
2. Die Kunstsaite

Die Darmsaiten werden immer mehr zur teuren Rarität, da sie aus Schafsdärmen kostspielig hergestellt werden. Die besten kom-

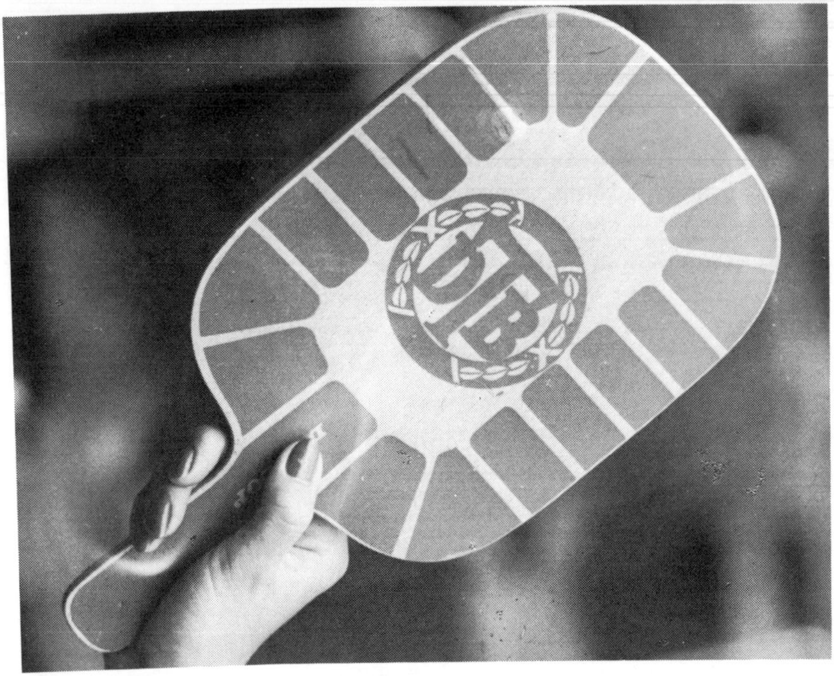

Das Speckbrett kostet 10,– bis 12,– DM.

men übrigens aus Frankreich, Australien, USA. Pro Bespannung müssen Sie zwischen 60,– und 150,– DM ansetzen. Großer Vorzug der Darmsaiten: sie sind sehr elastisch und schonen dadurch Arm und Handgelenk.
Bei einem Normalspieler beträgt die Lebensdauer einer durchschnittlich starken Darmbesaitung etwa eine Saison. (Der Spitzenspieler – Davis-Cup – hat einen Verbrauch von 60 bis 100 Garnituren pro Jahr!) Der Mittelklassespieler wird nach meiner Schätzung ca. 4–10 Bespannungen pro Jahr benötigen.

Ihnen als Anfänger würde ich die Saitenstärke 8½–9 empfehlen. Zwar ist die dünnere Saite elastischer, aber die Lebensdauer auch entsprechend kürzer. Zur Pflege der Saite können Sie einen Saitenlack nehmen, doch sollten Sie hiermit sparsam umgehen.
Die empfohlene Saite sollte mittelhart in Ihren Schläger eingezogen werden, das heißt mit ca. 20 kg Zugkraft. (Die Bespannungshärte reicht von 12 bis 30 kg.)
Um dieser wertvollen Darmsaite das Leben zu verlängern, ist man auf einen Trick gekommen. „Elasto-Gross" heißen die kleinen roten Stäbchen, die vom Fachmann zwischen die Saiten geschoben werden. Sie schonen die Saite, bringen eine höhere Elastizität mit sich und kommen sowohl der Ballführung wie auch der Ballschnelligkeit zugute.
Da Darmsaiten gegen Feuchtigkeit sehr empfindlich sind – sie quellen auf und reißen – sollten Sie bei nassem Wetter (Nebel) Ihren Darmschläger nicht benutzen und ihn auch zu Hause trocken aufbewahren. Feuchte Tennisbekleidung sollte mit dem Schläger ebenfalls nicht in Berührung kommen.
Der mit einer Kunstsaite bespannte Schläger ist zwar weit haltbarer, gegen Feuchtigkeit völlig unempfindlich und weitaus billiger als die Darmsaite. Dafür ist er jedoch unelastisch, und trotz weicher Bespannung kommt es durch den harten Schlag sehr oft zu einem Tennisarm. Der „Tennisarm" entsteht aus einer Ablagerung am inneren oder äußeren Ellbogengelenk, durch die sich mit der Zeit eine Knochenhautentzündung einstellt. Diese ist sehr schmerzhaft und hat eine lange Tennis-Pause zur Folge, wenn man nicht eine Operation vorzieht.

Ich würde aus diesen Gründen auch dem Anfänger in jedem Fall zu einer Darmsaite raten.
Und nun zu den Bällen: Hier empfiehlt es sich, einen Markenball zu wählen, denn nur so haben Sie die Garantie, daß der Ball den vorgeschriebenen Normen entspricht. Der Ball muß außen glatt und nahtlos sein, und sein Durchmesser darf nicht unter 6,35 cm und nicht über 6,67 cm betragen. Sein Gewicht soll nicht weniger als 57,7 g und nicht mehr als 58,47 g betragen.
Tennisbälle werden in verschiedenen Verpackungen angeboten. Es gibt sie in Dosen zu 3 Stück und in Kartons zu jeweils 6 Stück. Ein Markenball kostet derzeit ca. 4,– bis 7,– DM.
Die in Dosen verpackten Bälle haben den Vorteil, daß sie praktisch in der originalverschlossenen Dose unbegrenzt haltbar sind, da sie durch die Vakuumverpackung an Härte und Sprungkraft nicht verlieren.

Sollten Sie sich für die in Kartons angebotenen Bälle entscheiden, so ist hierbei unbedingt auf das Herstellungsjahr zu achten, das auf dem Kartonverschluß eingedruckt ist. Nehmen Sie Bälle aus dem laufenden Jahr, so haben Sie die Sicherheit, daß die Bälle nicht durch lange Lagerung an Härte verloren haben.
Eine gute Möglichkeit, preiswerter an Bälle zu kommen, bietet sich nach Turnieren, wo in den Clubs nur wenig abgespielte Turnierbälle zum Kauf angeboten werden. Für den Anfänger sind diese Bälle ausreichend.
Sie haben nun einen Schläger mit guter Besaitung erworben und auch die entsprechenden Bälle ausgesucht. Sie könnten also praktisch mit dem Tennisspielen beginnen; bekanntlich gibt es jedoch gerade im Tennis ganz besondere Vorschriften hinsichtlich der Bekleidung.
Die vom Deutschen Tennis-Bund (DTB) noch immer für Turniere vorgeschriebene Tennisfarbe ist weiß.
Im Laufe der letzten Jahre kam immer mehr farbige Tenniskleidung auf den Markt, doch sollten Sie sich vor dem Kauf informieren, ob gerade in Ihrem Club das Tragen von farbiger Kleidung gestattet ist. Viele Clubs halten nach wie vor an weißer Tenniskleidung fest.
Sollten Sie aber in einem Club sein, der nicht so großen Wert auf das traditionelle Weiß legt, so bleibt die Wahl der Farbe bei der Kleidung Ihrem individuellen Geschmack überlassen. Ich persönlich finde, daß farbige Tenniskleidung sehr gut aussehen kann, wenn sie farblich aufeinander abgestimmt und in den Farben nicht zu grell ist.

Wie immer Sie wählen, denken Sie daran, wie leicht man beim Tennis ins Schwitzen kommt und wie sehr Sie Ihre Bewegungsfreiheit brauchen. Alle schicken Tennissachen sollten Sie nicht nur gut kleiden, sondern in erster Linie praktisch sein.
Für den Herrn empfehle ich gutsitzende Shorts, die im allgemeinen aus einer leicht zu waschenden und schnelltrocknenden Kunstfaser hergestellt sind. Achten Sie bei der Anprobe darauf, daß die Hose im Bund nicht zu eng sitzt und Sie in der Bewegung nicht behindert.

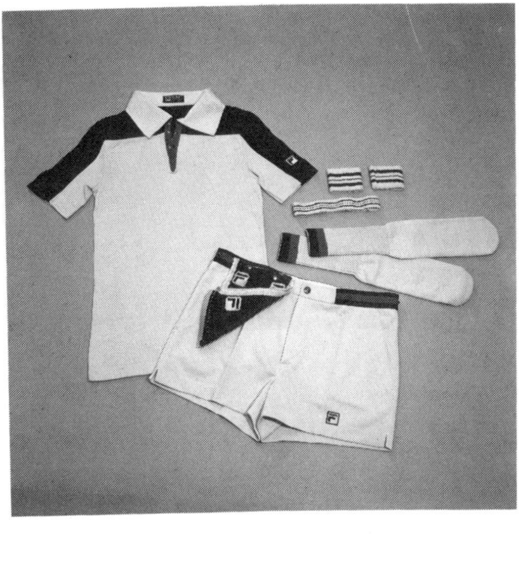

Die Preise von Herrenhemden liegen zwischen 45,– und 120,– DM, Herrenshorts gibt es zum Preis von 45,– bis 130,– DM

Das Angebot an Tennishemden reicht im Material von gewirkter Baumwolle bis zu den verschiedensten Mischfasern. Es ist darauf zu achten, daß dieses Hemd saugfähig und im Schnitt zwar schmal, jedoch nicht einengend ist. Besonderen Wert sollten Sie darauf legen, daß das Hemd lang genug ist, damit es beim Aufschlag oder Schmetterball nicht aus der Hose rutscht.
Weiterhin sind zwei Pullover nötig, einer davon ohne Arm, und für kühlere Tage ein Langarmpullover. Die Pullover sollten aus einer Mischung von Wolle und Synthetik hergestellt sein, wobei der Wollanteil aus Pflegegründen nicht zu hoch sein darf. Reine Wollpullover sind zum Tennisspielen nicht zu empfehlen, da sie sehr schnell verfilzen.

Pullover mit langem Arm
ca. 60,– bis 150,– DM

Pullover ohne Arm
ca. 50,– bis 100,– DM

Falls Sie schon zeitig im Frühjahr beginnen wollen, brauchen Sie auch noch einen Trainingsanzug. Dieser ist auch für das Konditionstraining, auf das wir später zu sprechen kommen, wichtig. Der Trainingsanzug braucht nicht weiß zu sein. Sie können also getrost Ihren Trainingsanzug, den Sie für andere Sportarten benutzen, verwenden.

Preis: 130,– bis 300,– DM

Da Sie beim Tennis viel laufen müssen, sollten Sie besonderen Wert auf einen guten Schuh legen. Im allgemeinen sind Tennisschuhe oben aus Stoff oder Leder und haben eine elastische, dicke, rutschfeste Sohle mit seitlichen Luftlöchern.
Schuhe bitte nie zu knapp kaufen. Sie sollten bequem ein bis zwei Paar Socken darin tragen können.

Von 30,– bis 140,– DM

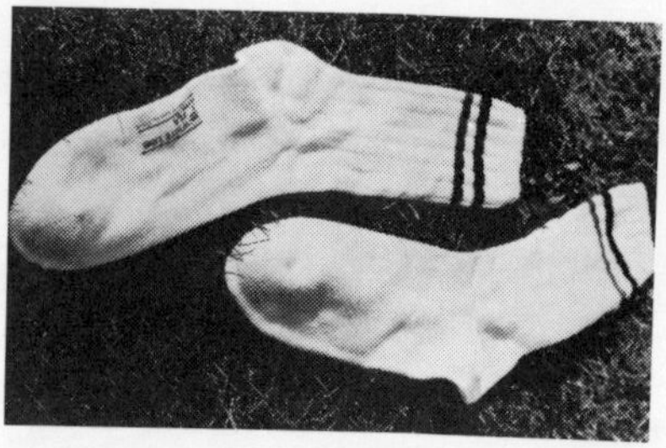

Zwischen 8,– und etwa 23,– DM

Tennissocken werden in den verschiedensten Qualitäten und Beinlängen angeboten. Ich bevorzuge und empfehle daher die dickeren, wolligen und somit saugfähigen Socken, wobei ich besonders auf die Beinlänge achte. Sind die Socken zu kurz, läuft man Gefahr, daß sie in den Schuh rutschen.
Wenn Sie bei körperlicher Bewegung leicht ins Schwitzen kommen, sollten Sie sich auch ein Paar Schweißbänder zulegen. Dieses sind ca. 7 cm breite Manschetten, die an den Handgelenken getragen werden und aus einem saugfähigen elastischen Material hergestellt sind. Sie sind zum Abwischen des Schweißes gedacht, der Ihnen beim Spiel von der Stirn rinnt. So brauchen sie nicht umständlich nach einem Taschentuch zu suchen und haben stets freie Sicht.
Für Damen gibt es eine große Auswahl an schicken Tenniskleidern, Röcken und Oberteilen. Ihrem Geschmack und ihrer Phantasie sind hier keine Grenzen gesetzt.

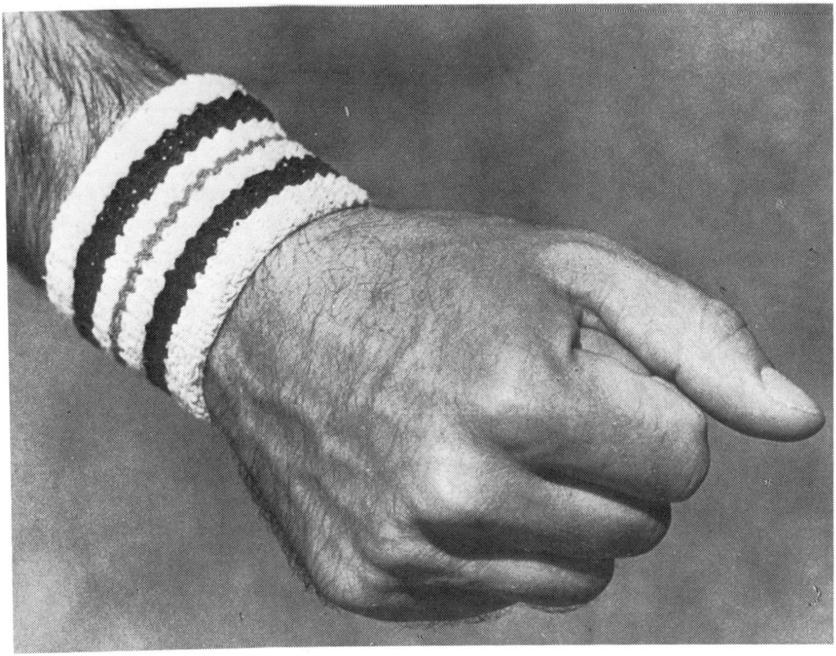

Ein Paar kostet ca. 5,– bis 11,– DM

Tenniskleider, die in vielen Formen angeboten werden, sind aus pflegeleichtem Material hergestellt. Beim Kauf sollten Sie nicht nur auf schickes Aussehen achten, sondern auch darauf, daß Sie in Ihrer Bewegungsfreiheit nicht eingeengt sind. Es wird Ihnen jedoch nicht schwerfallen, etwas Passendes zu finden; die Hersteller haben sich eine Menge für Sie einfallen lassen.

Genausogroß ist die Auswahl bei Tennisröcken, die ebenfalls pflegeleicht sein sollten. Ob Sie den etwas weiteren oder den schmalen Wickelrock bevorzugen, bleibt Ihnen bzw. ihrer Figur und ihrem Geschmack überlassen.

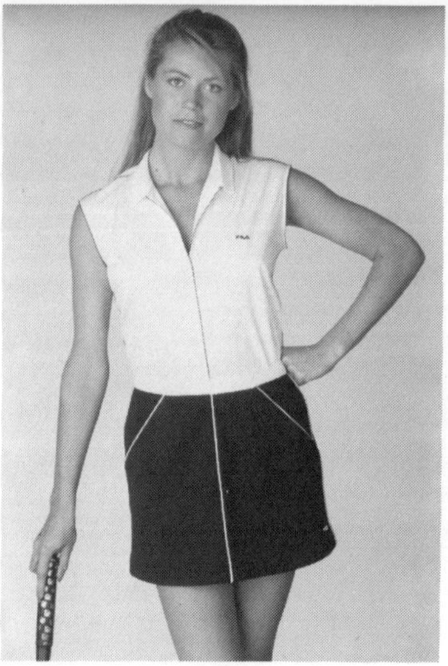

Tenniskleider 50,– bis 200,– DM

Oberteile 40,– bis 100,– DM

Sowohl unter dem Tenniskleid wie unter dem Tennisrock trägt man passende Tennishöschen (zwischen 7,– und 15,– DM), die mit Rüschen oder in glatter Form zu bekommen sind. Sie sollten beim Kauf darauf achten, daß sie nicht durchsichtig sind.

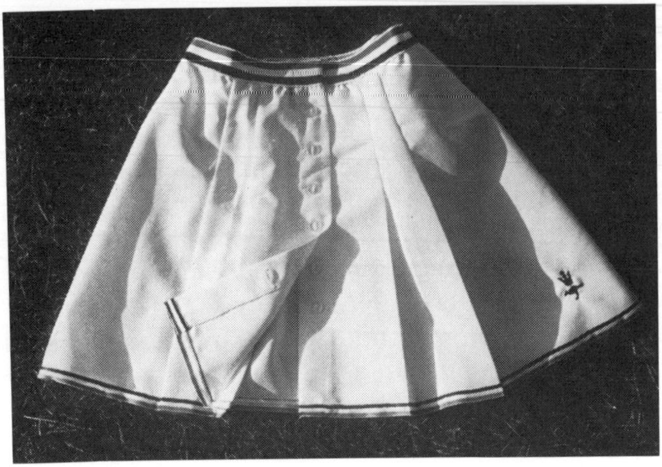

Röcke von 50,– bis 110,– DM

Zu den beschriebenen Tennisröcken gibt es viele passende Oberteile. Auch hier sollte die Bequemlichkeit dem Schick nicht zum Opfer fallen.
Für kühlere Tage gibt es hübsche Jacken (ca. 100,– bis 400,– DM) und Pullover (ca. 100,– DM) aus den verschiedensten Materialien, die Sie gleichermaßen zu Röcken oder Kleidern tragen können.
Auch als Dame benötigen Sie zuweilen einen Trainingsanzug, bei dessen Kauf Sie mehr Augenmerk auf Bequemlichkeit und gute Paßform als auf gutes Aussehen legen sollten (sie kosten zwischen 130,– und 300,– DM).
Achten Sie darauf, daß Ihr Haar Ihnen nicht beim entscheidenden Satzball die Sicht versperrt. Es gibt passend zu Ihrer Tennisgarderobe Haarbänder (ca. 8,– bis 15,– DM), von denen Sie, wenn es Ihre Frisur erfordert, unbedingt Gebrauch machen sollten.
Für Schuhe und Socken gilt das gleiche wie vorher für die männlichen Tennisspieler beschrieben.

Trainingsmöglichkeiten und Kondition

Nachdem Sie nun Ihren Tennis-Einkaufsbummel erfolgreich beendet haben, können Sie mit dem Tennisspiel beginnen.
Erkundigen Sie sich in Ihrem Club nach den Möglichkeiten, mit einem Trainer zu spielen, denn gerade für einen Anfänger ist es wichtig, unter fachkundiger Anleitung zu beginnen. Auch später, wenn Sie schon mit anderen Partnern spielen, sollten Sie immer wieder eine Stunde mit dem Trainer einlegen, denn nur so können Sie sicher sein, daß Sie nichts Falsches üben. Der Preis für eine Trainerstunde liegt nach Qualifikation des Trainers derzeit zwischen 20,– und 40,– DM.
Eine vorzügliche Trainingshilfe, die leider nicht immer genügend beachtet wird, ist die Tenniswand. Sie ist ca. 4 m hoch und etwa

6 bis 8 m breit. Auf der Wand ist das Netz aufgemalt, so daß Sie Ihre Schläge kontrollieren können.
Auch für den fortgeschrittenen Spieler ist die Tenniswand eine ausgezeichnete Trainingsmöglichkeit, denn er kann Schlag und Tempo selbst bestimmen.
Wenn Sie also gerade keinen Partner oder Platz finden sollten, gehen Sie an die Tenniswand, und üben Sie den Schlag, der Ihnen gerade ein wenig schwerfällt.
Nach meiner Auffassung ist die Tenniswand eine Trainingschance, die Sie nicht genug ausnutzen können!
Viele Clubs oder Trainer bieten für das intensive Training eines bestimmten Schlages oder einer Schlagfolge Ballmaschinen an – eine ideale Erfindung. Sie können auf diesen Maschinen praktisch jeden Schlag einstellen oder auch ganze Schlagfolgen. Die Maschine wirft den eingestellten Schlag in der gewünschten Schnelligkeit so präzise heraus, daß Sie sich ausschließlich auf exakte Stellung zum Ball, wie richtige Schlägerhaltung und -führung, konzentrieren können.
Das Arbeiten mit der Ballmaschine braucht nicht – wie man annehmen könnte – langweilig oder eintönig zu sein, denn Sie können durch das Einstellen einer Serie von verschiedenen Schlägen genügend Abwechslung in Ihr Training bringen.
Leider sind diese Ballmaschinen noch nicht sehr verbreitet.
Sie finden Sie aber in großer Anzahl auf sogenannten Tennisfarmen, von denen es einige sehr attraktive gibt.
Der Urlaub auf einer Tennisfarm zählt sicher nicht nur zu den gesündesten Arten, Ferien zu verbringen, sondern auch zu den

angenehmsten und geselligsten. Solche Tennisschulen sind der guten klimatischen Verhältnisse wegen meist in südlichen Ländern wie z. B. Frankreich oder Spanien angelegt. Sie bieten außer Tennis viele andere Möglichkeiten, den Urlaub angenehm und abwechslungsreich zu gestalten.

Die beste Spieltechnik kann Sie beim Tennis nicht retten, wenn es Ihnen an Kondition mangelt. Darum sollten Sie auch als Anfänger neben Ihren regelmäßigen Tennisstunden etwas Konditionstraining betreiben. Mein Vorschlag: ein- bis zweimal wöchentlich ein Waldlauf, bei dem Sie langsam sowohl Geschwindigkeit wie Ausdauer steigern. Fangen Sie langsam an, und es wird Ihnen Freude machen, zu sehen, wie Ihre Ausdauer von Mal zu Mal größer wird.
Um Ihre Startgeschwindigkeit beim Tennis zu verbessern, sollten Sie, wenn es Ihre Zeit erlaubt, auch Sprintübungen einlegen, das heißt, auf kurzen Strecken ca. 50 bis 100 m schnell starten und laufen.
Frank Sedgman sagt: „Fitness ist die Grundlage für einen guten Tennisspieler. In langen Matches gewinnt immer der Spieler mit der besseren Kondition. Gymnastik und Waldläufe sind genauso wichtig, wie das Training auf dem Tennisplatz."

Kinder-Training

Kinder sollten nach Möglichkeit schon mit 5 bis 8 Jahren an das Tennis herangeführt werden.
Es muß darauf geachtet werden, daß der dem Alter entsprechende Bewegungsdrang ausgenutzt wird. Zu einer Wechselwirkung von Belastung und Entspannung ist hier dringend geraten. Auf keinen Fall darf der in der Altersstufe übliche Bewegungsdrang eingeengt werden. Von Dauerübungen ist daher auf jeden Fall abzuraten.
Es gibt seit einiger Zeit Gruppenkurse, die von Trainern abgehalten werden, die meist nicht nur über fachliches Wissen verfügen, sondern auch pädagogisch geschult sind. Dabei bekommen die Kinder schon frühzeitig das so wichtige Ballgefühl. Und was mindestens ebenso bedeutsam ist: die Reflexe werden beizeiten geschult. Die Kinder gewöhnen sich spielend an Schläger, Platz und Umgebung, was für das spätere Tennisspiel von großem Vorteil ist.
Auch für Kinder sind Übungen an der Tenniswand besonders wichtig, zudem sie ihnen meist großen Spaß machen. Erwachsene sollten daran denken, ehe sie die Kleinen dort „verscheuchen".
Als Eltern sollten Sie nicht versäumen, Ihr Kind auch in späteren Jahren immer wieder – zumindest zeitweise – von einem Trainer betreuen zu lassen, um eventuell sich unbemerkt einschleichende Fehler im Keim zu ersticken; denn nur ein technisch einwandfreier Tennisstil kann Ihr Kind später zu einem guten Spieler machen.

Beinarbeit

Grundstellung frontal zum Netz ca. 0,5 bis 1 m hinter der Grundlinie, der Körper ist ein wenig nach vorne geneigt. Das Körpergewicht ruht mehr auf den Fußballen als auf der Ferse. Die Beine sind bequem gegrätscht und die Knie sind leicht gebeugt. Die rechte Hand umgreift den Schlägergriff. Die linke Hand stützt den Schläger am Schlägerherz. Beide Arme sind leicht angewinkelt und zeigen auf den Boden. Der Schlägerkopf zeigt zum Netz und etwas nach oben.
Richtige Beinarbeit ist die Voraussetzung für einen guten Schlag. In Erwartung des Balls stehen Sie frontal zum Netz, die Beine sind locker und bereit, sofort in Stellung zu gehen. Laufen Sie mit kleinen Schritten, und bringen Sie vor dem Schlag Ihren Körper in die seitliche Schlagstellung. Im Augenblick des Schlages müssen Ihre Beine in der richtigen Stellung auf dem Boden stehen. Lassen Sie sich durch eine manchmal falsche Beinstellung der Profis nicht irritieren, denn auch bei guten Spielern würde der Schlag noch besser sein ohne diesen technischen Fehler.
Das Laufen nach hinten beginnt immer mit dem rechten Fuß. Laufen Sie nie genau dorthin, wo der Ball auffällt; denn für einen korrekt ausgeführten Schlag müssen Sie immer mit etwas Abstand seitlich zum Ball stehen. Also nicht in den Ball hineinlaufen oder beim Schlagen springen.

Schlagtechnik

Die Grundschläge

Zu den Grundschlägen, auch Elementarschläge genannt, zählt man

Vorhand
Rückhand (backhand)
Aufschlag (service)

Mit diesen drei Schlägen müssen Sie sich vor allem vertraut machen. Machen Sie sich gleich zur Gewohnheit, nach jedem Schlag möglichst schnell und elastisch zur Mitte der Grundlinie zurückzulaufen!

Vorhand-Drive

Der Vorhand-Grundschlag dient dem Spieler (Rechtshänder) zum Schlagen aller Bälle, die rechts von ihm auftreffen.

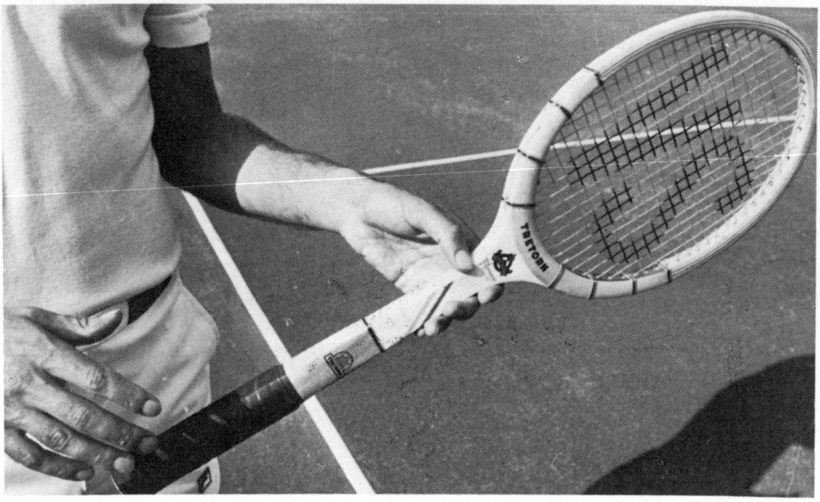

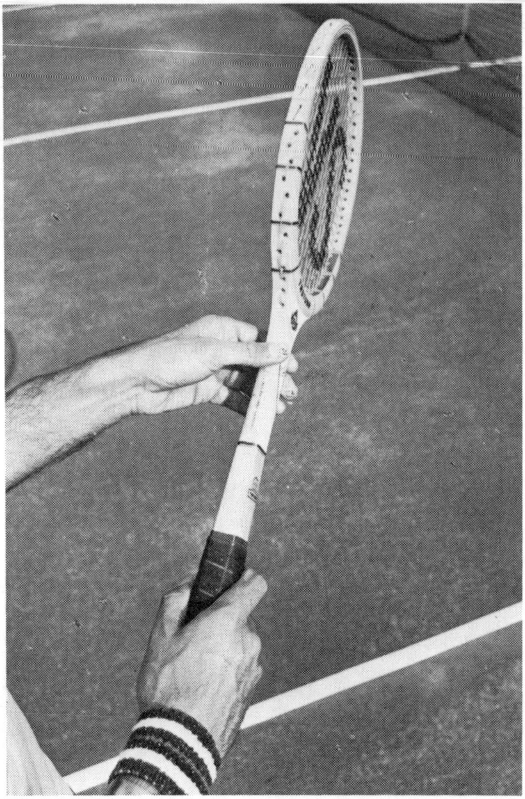

Hammergriff

Griffhaltung: Mit der linken Hand halten Sie den Schläger am Schlägerherz, d. h. unterhalb der Schlägerfläche. Die Schlägerfläche steht senkrecht zum Boden. Die Handfläche der rechten Hand wird gegen die rechte Breitseite des Griffes gelegt. Der Handballen schließt mit dem Griffende ab. Nun legen sich die Finger bequem um den Schlägergriff. Der kleine Fingerballen bedeckt die obere rechte kleine Fläche. Daumen und Zeigefinger müssen sich berühren.

Aus der Grundstellung heraus wird die Seitenstellung eingenommen. Während des Ausholens verlagern Sie das Körpergewicht auf das rechte Bein, das mit Beginn der Ausholbewegung etwas nach außen gedreht wird. Durch einen Schritt in Richtung Netz mit dem linken Bein ist die Seitenstellung erreicht. Beide Knie sind leicht gebeugt und unverkrampft. Mit der Verlagerung des Gewichtes auf den hinteren rechten Fuß beginnen Sie die Ausholbewegung. Der Schlägerkopf beschreibt eine flache Ellipse (Schleife). Das Ausholen selbst wird durch ein leichtes Anheben des Unterarmes und Zurücknehmen des Ellenbogens eingeleitet. Mit Strecken des Armes nach hinten unten und dem Vorschwingen des Schlägers wird das Gewicht auf das vordere linke Bein verlagert. Der Körper nutzt dabei die Schwungbewe-

gung aus. In der Phase, in der der Schläger den Ball trifft – dieses sollte auf Höhe des vorderen Fußes geschehen – soll die Schlagfläche parallel zum Netz stehen. Nach dem Treffen des Balles wird der gestreckte Arm so lange wie möglich zu dem im gegnerischen Feld anvisierten Punkt durchgeschwungen.
Beim Vorhandschlag starten Sie aus der Grundstellung mit einer Drehung des rechten Fußes nach rechts und laufen mit kleinen elastischen Schritten. Zur Ausführung des Schlages stehen Sie so zum Ball, daß der Arm gestreckt ist und der Schläger den Ball genau mit dem Mittelpunkt der Bespannung trifft. Während des Spiels müssen Sie den Ball ständig im Auge behalten, denn nur wenn Sie den Ball anschauen, können Sie ihn auch richtig treffen.

Häufige Vorhandfehler:

1. Zu späte Ausholbewegung
2. Falsche Beinstellung oder falsche Beinbelastung
3. Zu frühes oder zu spätes Treffen des Balls
4. Zu weit entferntes oder zu nahes Stehen am Ball
5. Hineinlaufen in den Ball
6. Abknicken oder Drehen des Handgelenks
7. Zu kurze Führung des Balls
8. Nichtanschauen des Balls
9. Zu steife Haltung der Beine

Rückhand (Backhand)-Drive

Der Rückhand-Grundschlag dient zum Schlagen der Bälle, die in der linken Hälfte des Spielfeldes auftreffen. Die Griffhaltung zum Rückhandschlag ist ähnlich wie beim Vorhand, nur wird der Schläger in der Schlaghand eine Idee nach rechts gedreht, so daß der Ballen des kleinen Fingers die obere breite Fläche des Griffs bedeckt.
Dieses Umgreifen führt der Tennisspieler später genauso mechanisch aus wie der Autofahrer das Umschalten beim Gangwechsel.
Auch beim Rückhandschlag wird aus der Grundstellung heraus die Seitenstellung eingenommen, in diesem Fall zur anderen Seite. Die Fußspitzen zeigen zur Seitenlinie und der rechte Fuß wird nach vorne Richtung Netz gesetzt.
Die rechte Körperseite zeigt also zum Netz, und zwar so, daß durch eine leichte Drehung des Oberkörpers Richtung Grundlinie der rechte seitliche Rücken dem Netz zugewandt ist. Dies ist wichtig für den Ausholschwung, der ja – anders als beim Vorhandschlag – vom Oberkörper behindert wird. Zur Unterstützung der Ausholbewegung wird mit der linken, freien Hand der

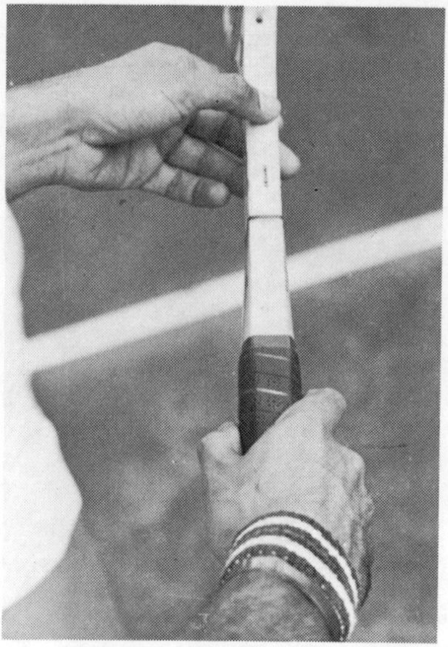

Schläger am Schlägerhals mitgeführt, bis der Schlagarm am Oberkörper anliegt.

Das Körpergewicht wird auf den linken Fuß verlagert. Der Arm wird nach hinten unten gestreckt, der rechte Fuß nach vorne gesetzt, das Gewicht ebenfalls nach vorne verlagert und der Schlagarm dem Ball entgegengeschwungen. Beide Knie sollten leicht eingeknickt und elastisch sein. Der Treffpunkt des Balls liegt etwas vor dem rechten Bein, weil die Schlagschulter vorne ist. Der Schlag sollte nach Treffen des Balls möglichst lang ausschwingen. Beim normal geschlagenen Rückhand-Drive befindet sich die Schlägerfläche zum Schluß fast parallel zum Netz.

Häufige Rückhand-Fehler:

1. Zu späte Ausholbewegung
2. Zu spätes Treffen des Balls
3. Falsche Beinstellung oder falsche Belastung
4. Zu großer Abstand vom Ball
5. Hineinlaufen in den Ball
6. Abknicken oder Drehen des Handgelenks
7. Nichtanschauen des Balls
8. Zu steife Haltung der Beine

Der Aufschlag
ist auf den Seiten
73–77 beschrieben.

Das waren die Grundschläge:
Begnügen Sie sich damit so lange, bis Sie diese drei Schläge einigermaßen beherrschen. Üben Sie Vorhand und Rückhand, so oft Sie können, an der Tenniswand oder mit der Ballmaschine. Zum Trainieren des Aufschlags borgen Sie sich einen Korb voll Bälle, mit denen Sie allein auf den Platz gehen. Üben Sie das Werfen der Bälle, bis Sie eine ruhige Ballführung bekommen.

Trainieren Sie den ersten sowie den zweiten Aufschlag unermüdlich; aber versäumen Sie nicht, sich zumindest teilweise von einem Trainer oder Fachmann kontrollieren zu lassen.
Manche Clubs oder Trainer haben sich zu diesem Zweck einen Video-Recorder angeschafft, mit dem Sie die Richtigkeit Ihrer Schläge selbst beobachten können und Ihre Fehler schnell erkennen.

Volley (Flugballschläge)

Ken Rosewall über Volley: „Wenn Sie vollieren, treffen Sie immer den Ball vor Ihrem Körper. Warten Sie nicht bis der Ball zu Ihnen kommt."
Volley-Schläge nennt man die Annahme von Flugbällen. Sie werden vorwiegend am Netz gespielt, d. h. diese Schläge werden retourniert, ohne daß der Ball — wie sonst üblich — einmal auf dem Boden aufspringt. Der Volley wird meist dazu angewandt, den Ballwechsel schnell und nach Möglichkeit mit einem gewinnbringenden Punkt zu beenden. Sollte dieses jedoch nicht gelingen, besteht die Gefahr, daß Ihr Gegner Ihren Schlag mit einem Passierball beantwortet, d. h. er spielt den Ball seitlich so an Ihnen vorbei, daß er für Sie unerreichbar ist.
Da im Lauf der Jahre das Tennisspiel aggressiver und schneller geworden ist, gewinnt der Volley immer mehr an Bedeutung. Besonders wichtig und oft praktiziert wird der Volley im Doppel. Die Grundstellung beim Volley ist immer frontal zum Netz, sowohl beim Vorhand-Volley wie auch beim Rückhand-Volley. Die richtige Stellung einzunehmen wird oft erschwert durch die Schnelligkeit, mit der der Ball ankommt. Zu den wichtigsten Dingen beim Volley gehört ebenfalls, daß der Ball immer vor dem Körper getroffen wird.

Harald Elschenbroich im Viertelfinale des Tennisclubs Rotweiß-Berlin gegen Salk Stockholm

Vorhand-Volley

Griffhaltung: wie beim Vorhand-Drive. Der Vorhand-Volley dient dem am Netz stehenden Spieler dazu, den rechts von ihm ankommenden Ball so aus der Luft zu retournieren, daß der Schlag entweder zu einem Punktgewinn führt oder wenigstens den Gegner stark in die Defensive treibt.

Aus der Grundstellung heraus wird die Seitenstellung eingenommen: Die linke Körperseite zeigt zum Netz, das linke vordere Bein ist im Knie leicht abgewinkelt und wird federnd belastet. Das rechte Bein bleibt hinten. Eine Ausholbewegung wie beim Vorhand-Drive entfällt. Der Schlägerkopf soll beim Volley über dem Handgelenk oder wenigstens auf gleicher Höhe sein, aber nie herunter hängen. Die kurze Ausholbewegung wird durch Anheben und Zurückziehen des Schlägers in die Flugbahn des Balls eingeleitet. Der Arm ist angewinkelt. Durch das Treffen des Balls – kurz bevor der Arm gestreckt ist – wird der Ball beschleunigt. Die Schlägerfläche ist leicht geöffnet. Der Ball wird

von oben nach unten gedrückt oder beim ganz niedrigen Ball in tiefer Kniebeuge und weiteres Öffnen der Schlägerfläche über das Netz gehoben. In diesem Fall keine Schlagbewegung. Der Ball sollte nicht mit Schwung, sondern vor dem Körper aus der Luft gedrückt werden. Daher gibt es auch kein Ausschwingen, sondern nur einen Stop der Bewegung, wenn der Arm gestreckt ist. In diesem Moment sollte der Schlägerschaft parallel zum Netz stehen. Beim Volley sollte der Ball etwas früher als beim normalen Schlag getroffen werden, wobei das Handgelenk geöffnet ist, aber ganz ruhig und fest bleiben muß. Um den Ball genau zu treffen ist es beim Flugball besonders wichtig, den Ball ständig im Auge zu behalten.

Helga Hösl im Finale bei den deutschen Tennis-Meisterschaften in Braunschweig

Rückhand-Volley

Griffhaltung:
wie beim Rückhand-Drive

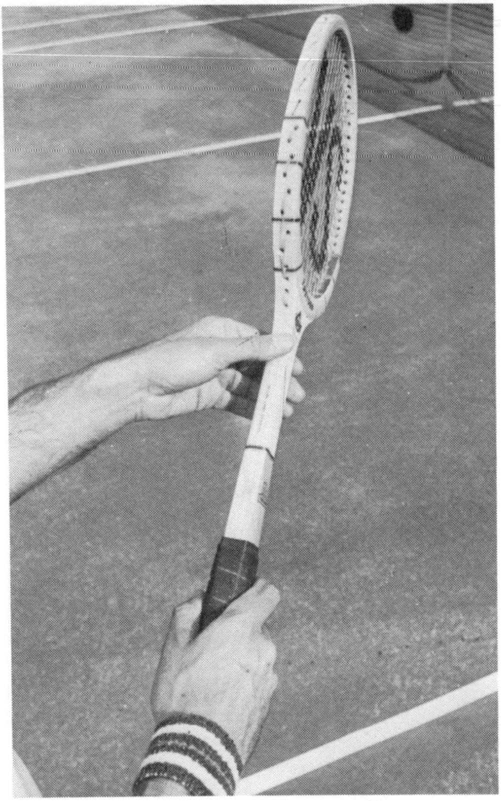

Beim Rückhand-Flugball gilt das gleiche wie beim Vorhand-Flugball. Er dient dem am Netz stehenden Spieler dazu, den links von ihm ankommenden Ball aus der Luft zurückzuschlagen, ohne daß dieser vorher aufspringt.
Aus der Grundstellung heraus erfolgt eine Drehung nach links, so daß die rechte Schulter zum Netz zeigt. Dabei ist das rechte Bein mit abgewinkeltem, leicht federndem Knie vorn und wird belastet.

In der gleichen Phase geht der Schläger zu einer kurzen Ausholbewegung nach hinten oben in die Flugbahn des Balls. Der Arm ist angewinkelt. Mit dem Beginn der Schlagbewegung in Richtung Ball gibt die linke Hand den Schläger frei. Jetzt wird der

Helga Masthoff bei den Internationalen Deutschen Tennis-Meisterschaften in Hamburg

Schläger in Zielrichtung nach vorne gedrückt. Der Treffpunkt des Balls liegt noch weiter vor dem Körper, weil die Schlagschulter vorn ist. Die Schlägerfläche ist geöffnet. Nach dem Treffen des Balls zeigt der rechte gestreckte Arm zum Netz und der linke Arm nach hinten, um das Gleichgewicht zu halten.
Viele Spieler holen beim Volley zu weit aus und treffen deshalb den Ball zu spät. Kontrollieren Sie Ihre eigene Ausholbewegung: Stellen Sie sich mit dem Rücken gegen einen Zaun und lassen Sie sich einen Ball zum Vor- oder Rückhand-Volley zuwerfen. Wenn Sie mit dem Schläger den Zaun berühren, ist die Ausholbewegung zu groß.

Half-Volley – Vor- und Rückhand

Half-Volley ist ein meist aus dem Mittelfeld gespielter Ball, der unmittelbar nach dem Aufsprung getroffen wird.
Man bedient sich des Half-Volleys in bedrängten Situationen, wenn es einem nicht mehr möglich ist, den Ball als Volley oder Drive zu schlagen.

Die Stellung zum Ball ist wie bei den Grundschlägen. Ebenso die Griffhaltung.
Da der Treffpunkt des Balls beim Half-Volley äußerst niedrig liegt, ist darauf zu achten, daß der Schlag in jedem Fall in sehr tiefer Kniebeuge ausgeführt wird.
Der Ball sollte mit leichtem Vorwärtsdrall (s. Topspin) gespielt werden, um ihn bei schneller Ballgeschwindigkeit im Spielfeld zu halten. Die Schlägerhaltung beim Half-Volley entspricht der Drive-Schlägerhaltung.
Die Ausholbewegung ist aus Zeitmangel kurz, dennoch sollte der Ball mit dem Schläger möglichst lange in Zielrichtung geführt werden.
Bei diesem Schlag muß der Ball besonders gut im Auge behalten werden.

Wilhelm Bungert in Wimbledon: Achtelfinale beim Herren-Einzel

Slice – Vor- und Rückhand

Dieser Schlag wird meist von der Grundlinie aus gespielt. Der Ball ist unterschnitten und hat einen Rückwärtsdrall; d. h., der Ball verlangsamt seine Geschwindigkeit nach dem Aufsprung.
Der Slice ist ein ausgesprochener Sicherheits- und Verteidigungsschlag. Er sollte als Variation der Grundschläge dienen, um etwas Abwechslung ins Spiel zu bringen.
Sehr häufig wird der Slice als ein aus der Mitte des Feldes herausgeschlagener Angriffsball gespielt.

Der Vorteil eines solchen Schlages liegt im Verblüffungseffekt. Der Gegner muß blitzschnell auf den sehr tief unten wegspringenden Ball reagieren. Die Ausholbewegung wird wie beim Drive begonnen, doch liegt sie höher als bei einem Schlag mit Vorwärtsdrall. Bei Vorhand und Rückhand sollte die Schlägerfläche leicht geöffnet sein. Der Schlagarm wird aus der Grundstellung aufwärts nach hinten geführt und dann nicht nach hinten unten gestreckt, sondern mit fast gestrecktem Arm dem Ball entgegen geführt. Der Treffpunkt sollte vor der vorderen Hüfte sein und das gesamte Körpergewicht auf dem vorderen Fuß liegen. Beinstellung wie beim Grundschlag.

Christian Kuhnke beim Länderkampf gegen Schweden in Hochdahl bei Düsseldorf

Mal Anderson über Smash: „Laufen Sie nie rückwärts, wenn Sie überlobt worden sind, drehen Sie sich herum, und laufen Sie zur Grundlinie – immer den Ball im Blick über Ihrer linken Schulter. Das bedeutet, daß Sie hinter dem Ball sind und in dieser Position einen gewinnbringenden Smash anbringen können.“

Schmetterball
Vorhand

Smash (Schmetterball) – Vorhand

Der Schmetterball wird vorwiegend hoch über dem Kopf aus der Luft heruntergeschlagen. Der Smash ist immer die Antwort auf einen Lob des Gegners, der den Ball über den am Netz stehenden Spieler hinwegheben möchte.

Ausführung und Griff sind ähnlich wie beim Aufschlag, nur daß die Position des ankommenden Balls vom Gegner abhängt. Aus der Grundstellung heraus, die Sie am Netz und an der Grundlinie nach jedem Ball einnehmen, bringen Sie die linke Schulter nach vorne, so daß sie in Richtung Netz zeigt.

Die Ausholbewegung unterscheidet sich von der des Aufschlags in mehreren Punkten. Der Schlagarm wird nicht durch eine langwierige Pendelbewegung hinter den Rücken geführt, sondern vor dem Körper auf direktem Weg. Mit dem Beginn der Ausholbewegung wird das Körpergewicht auf den hinteren rechten Fuß verlagert. Der Schlagarm wird mit geöffnetem Handgelenk weiter hinter den Rücken gebracht und von dort dem Ball auf kürzestem Weg entgegengeführt. Das Gewicht wird auf den vorderen Fuß verlagert. Der Arm wird gestreckt und der Ball am höchsten Punkt über dem Kopf getroffen. Durch Zuklappen des Handgelenks wird der Ball erneut beschleunigt. Mit dem linken Arm halten Sie das Gleichgewicht oder zeigen auf den Ball, um ihn genau im Auge zu behalten, bis er getroffen ist.

Kommt der Lob so lang, daß Sie zurück laufen müssen, laufen Sie mit seitlich versetzten Schritten. Man springt mit dem rechten Fuß ab und kommt mit dem linken Fuß wieder auf. Die Ausholbewegung und der Treffpunkt bleiben unverändert.

Beim Smash sind Placierung des Balls und Härte des Schlages von besonderer Wichtigkeit, wobei Placierung vor Härte rangiert.

Rod Laver in Wimbledon beim Semifinale

Smash-Rückhand

Der Rückhand-Smash gehört zu den am schwersten auszuführenden Spezialschlägen. Er wird dann angewandt, wenn der Ball auf der Rückhandseite, also links über den Kopf gespielt wird und keine Möglichkeit mehr bleibt, den leichter auszuführenden Smash zu schlagen.
Der Ball wird meist im Rückwärtslaufen gespielt, wobei die rechte Schulter dem Netz zugekehrt ist.
Der Schläger wird mit der linken Hand nach hinten gezogen, der Ellbogen gehoben und mit lockerem geschlossenem Handgelenk weit hinter den Rücken geführt. Das Gewicht verlagern Sie auf den hinteren linken Fuß. Aus dieser Stellung wird der rechte Arm aufwärts geführt und der Ball am höchsten Punkt getroffen. Der Arm ist gestreckt. Die Geschwindigkeit bekommt der Ball durch das nach vorne klappende Handgelenk (in Schlagrichtung).
Die Griffhaltung ist die gleiche wie beim Rückhand-Drive.

Bei dem Rückhand-Smash sollte das Augenmerk ausschließlich auf Placierung gelegt werden, da kaum Chancen bestehen, den Gegner mit einem schnellen Ball auszuspielen.

Topspin – Vor- und Rückhand

Der Topspin ist ein mit Vorwärtsdrall (also erhöhter Umdrehung) gespielter Drive, bei dem der Ball nach dem Aufprall noch an Geschwindigkeit gewinnt. Der Gegner muß also viel schneller reagieren als beim gerade geschlagenen, normal berechenbaren Ball.

Der Topspin wird manchmal als effektvoller Crossball angewandt, mit dem der Gegner aus dem Platz hinausgetrieben werden kann. Die Ausholbewegung beginnen Sie wie bei einem glatten Schlag. Um mehr Schwung zu bekommen, muß der hintere Bogen der Schleife besonders tief durchgeführt werden, so daß der tiefste Punkt der Ausholbewegung unter dem Treffpunkt des Balls liegt.

Mit einer steilen Aufwärtsbewegung und Treffen des Balls vor der vorderen Hüfte wird der Schläger in Schlagrichtung gebracht. Das Ende der Schlagbewegung liegt höher als beim Grundschlag; denn durch das Treffen des Balls von unten nach oben (steile Aufwärtsbewegung) bekommt der Ball einen starken Vorwärtsdrall.

Lob

Dieser Schlag dient dazu, den ans Netz aufgerückten Spieler mit einem hohen Ball zu überspielen.
Man unterscheidet zwischen defensivem und offensivem Lob. Der defensive Lob, welcher immer mit Slice (unterschnitten) geschlagen wird, kommt am häufigsten vor, weil er leichter auszuführen und deshalb auch sicherer ist als der Topspin-Lob.
Der Verteidigungsschlag (defensiv) sollte möglichst hoch und weit in das gegnerische Feld hineingehoben werden, um Zeit zu gewinnen, sich wieder in der Mitte des Platzes zu postieren oder um den Gegner von einer besseren Position (am Netz) zurück an die Grundlinie zu bekommen und selbst anzugreifen.
Beim Lob spielt der Überraschungseffekt eine große Rolle. Er wird dann angewandt, wenn der Gegner zu nah ans Netz kommt. Die Griffhaltung, die Stellung und die Ausholbewegung sollen dieselbe sein wie beim glatten Schlag. Die Ausholbewegung wird auf Hüfthöhe mit Schleife durchgeführt. Beim Slice-Lob wird die Schlägerfläche leicht geöffnet und mit einer flachen Bewegung zum Ball geführt und nach dem Treffen kurz angehoben.
Der offensive Lob wird mit Topspin (Vorwärtsdrall) gespielt, ist aber wesentlich schwieriger auszuführen als der defensive Lob, da der Ball ganz exakt und zum richtigen Zeitpunkt getroffen werden muß. Die Ausholbewegung weicht vom Slice-Lob durch

die leicht geschlossene Schlägerfläche und das Treffen des Balls von unten nach oben ab. Das Handgelenk sollte beweglich sein, um den Ballflug im letzten Augenblick noch einer eventuellen Korrektur unterziehen zu können.
Ein gelungener Topspin-Lob ist fast immer ein sicherer Punkt, da der Gegner den vorspringenden Ball nur sehr schwer erreichen kann.

Stopball (Dropshot)

Der Stopball ist ein unmittelbar hinter dem Netz aufspringender Ball, der mit Slice (Unterschnitt) geschlagen wird. Er wird aus taktischen Gründen angewandt, um zum Beispiel einen schlecht vollierenden Gegner an das Netz zu holen oder einen zu weit hinter der Grundlinie stehenden Spieler zu überraschen.
Während ein gut geschlagener Stopball dem Gegner zu schaffen macht, weil er um ihn rennen muß, bedeutet ein schlecht geschlagener Stopball meistens den Verlust des Punktes; der Gegner kann in aller Ruhe den Rückschlag placieren.
Ein optimal geschlagener Stopball, auch „Dropshot“ genannt, kommt unmittelbar hinter dem Netz auf und springt infolge des starken Unterschnitts in Richtung Netz weg. Er ist somit für den Gegner beinahe unerreichbar.
Schon aus Gründen der Täuschung sollte die Schlägerführung der des Drive ähneln. Sie sollte jedoch nicht ganz so groß sein, weil der Ball nicht mit viel Schwung, sondern mit Gefühl geschlagen werden muß. Kurz vor dem Treffen des Balls wird die Schlägerfläche geöffnet. Es erfolgt nun praktisch ein Einwickeln des

Balls, d. h. der Schläger beschreibt einen Halbmond um den Ball. Das Ausschwingen ist wesentlich kürzer als bei einem Slice und endet auf Hüfthöhe.
Stellung und Griffhaltung wie beim Drive.

Volley-Stop oder Drop-Volley

Dieser Schlag ist praktisch dem Dropshot gleich, mit dem Unterschied, daß er direkt aus der Luft geschlagen wird. Man schlägt diesen Ball meistens, wenn man sich direkt am Netz befindet und der Gegner weit entfernt ist. Der Ball sollte wie beim Volley vor dem Körper getroffen werden, und zwar mit lockerem Handgelenk und stark geöffneter Schlägerfläche. Die Schlägerfläche wird unter den Ball geführt und wickelt ihn ein (starker Unterschnitt). Die Bewegung ist wie beim Slice in Hüfthöhe beendet.
Charakteristisch für den äußerst schwierigen Schlag ist die insgesamt kurze Aushol- und Schlagbewegung.

Volley-Lob

Der Volley-Lob kommt hauptsächlich im Doppelspiel zur Anwendung. Der Ball wird aus der Mittelfeldposition heraus gespielt und direkt aus der Luft angenommen, um den zu weit ans Netz vorgerückten Gegner zu überspielen. Im Doppel wird hierdurch eine gut am Netz postierte Mannschaft auseinandergerissen und somit in die Defensive getrieben.
Die Ausführung des Schlages ist wie beim Slice-Lob, mit dem Unterschied, daß der Bewegungsablauf kürzer ist als beim Grundschlag. Die Ausholbewegung wird wie beim Volley durchgeführt, weil der Ball direkt aus der Luft gespielt wird.
Das Überraschungsmoment gibt diesem Schlag seine Wirkung.

Aufschlag (Service)

Mit dem Aufschlag wird der Ball ins Spiel gebracht. Je nachdem von welcher Seite Sie gerade aufschlagen (s. Regeln), muß der Ball in dem schräg gegenüberliegenden Aufschlagsfeld auftreffen.

Der Aufschlag zählt zu den Grundschlägen und ist wohl im heutigen Tennis der wichtigste Schlag, weil man mit ihm viele direkte Punkte erzielen und zudem den Gegner psychologisch unter Druck bringen kann. Möglicherweise ergeben sich daraus weitere leichte Punkte.

Es gibt drei verschiedene Arten, den Aufschlag auszuführen:

den *gerade geschlagenen Aufschlag,*
den *mit Twist geschlagenen Aufschlag* und
den *mit Slice geschlagenen Aufschlag.*

Der Aufschläger hat jeweils zwei Versuche, den Ball ins Spiel zu bringen. Gewöhnlich wird der erste Aufschlag gerade und mit Geschwindigkeit, dafür aber mit erhöhtem Risiko geschlagen, während man beim zweiten Aufschlag auf Sicherheit gehen sollte. Für den Anfänger ist es allerdings ratsam, anfangs nicht auf Schnelligkeit zu gehen. Er sollte lieber versuchen, den Ball zunächst einmal sicher ins Spiel zu bringen.

Stellen Sie sich auf Ihrer Aufschlagseite unmittelbar hinter die Grundlinie und ca. 50–100 cm neben die Mittelmarke.

Sie stehen entspannt hinter der Grundlinie und konzentrieren sich auf den Aufschlag. Dann drehen Sie sich leicht zur Seite, so daß die linke Schulter zum Netz zeigt.

Der linke Fuß steht etwa 10 cm hinter der Grundlinie (um Fußfehler zu vermeiden) und zeigt mit der Fußspitze zum rechten Netzpfosten. Der rechte Fuß steht bequem fast parallel zur Grundlinie dahinter. Würde man eine Linie über beide Fußspitzen verlängern, so zeigt sie in das anvisierte Aufschlagfeld. Das Körper-

gewicht ruht auf beiden Füßen. Die rechte Hand hält den Schläger im Rückhandgriff. Beide Arme sind leicht angewinkelt und halten den Schläger in Hüfthöhe. Zunächst werden beide Arme kurz nach unten geführt. Der Schläger trennt sich von der Ballwurfhand (höchstens zwei Bälle in die Hand nehmen) und wird neben dem Körper in einer Pendelbewegung ohne Kraftaufwand durch Einknicken des Schlagarms hinter den Kopf geführt. Dann wird das Körpergewicht auf den hinteren Fuß verlagert und man geht tief in die Knie. Die eigentliche Beschleunigung erfährt die Schlagbewegung, bevor der Schläger den Ball trifft, durch die Streckbewegung des ganzen Körpers (Knie, Oberkörper, Schlagarm). In diesem Moment wird das Körpergewicht auf den vorderen Fuß verlagert und der Ball mit gestrecktem Arm an seinem höchsten Punkt getroffen, d. h. zu dem Zeitpunkt, in dem der Ball sozusagen in der Luft steht. Nach dem Treffen des Balls wird der Schläger an der linken Körperseite vorbeigeführt.
Die entscheidendste Voraussetzung für einen gut ausgeführten Aufschlag ist das richtige Ballwerfen.
Dies sollte zunächst einmal separat geübt werden.
Beim geraden Aufschlag werfen Sie den Ball mit gestrecktem linken Arm nach oben, und zwar so hoch, daß Sie ihn mit gestrecktem Arm und Körper an seinem höchsten Punkt treffen. Würden Sie den Ball herunterfallen lassen, müßte er unmittelbar vor Ihrem linken Fuß auftreffen.
Bei dem mit *Twist* geschlagenen Aufschlag wird der Ball nach links hinter den Kopf geworfen. Die Ausholbewegung ist dieselbe wie beim geraden Aufschlag. Der Rücken wird während des Ausholens noch mehr zum Netz gedreht und der Oberkörper tiefer nach hinten gebogen als beim normalen Aufschlag. Der Schläger trifft den Ball seitlich von unten nach oben. Es entsteht eine rechte Vorwärtsdrehung. Der Ball wird am höchsten Punkt ge-

troffen. Der Schläger schwingt im Unterschied zum geraden Aufschlag an der rechten Körperseite aus.
Beim *Slice*-Aufschlag wird der Ball ein wenig nach rechts über den Kopf geworfen und mit Schnitt ins gegnerische Aufschlagfeld geschlagen.
Die Ausholbewegung ist dieselbe wie beim geraden Aufschlag. Der Ball erfährt eine rechte Seitendrehung, indem Sie durch eine Handgelenkbewegung den Schläger so gegen den Ball bringen, als wollten Sie ihn von links nach rechts einwickeln. Der Schläger schwingt nach dem Treffen an der linken Körperseite aus.
Beim Aufschlag verwendet man den Vorhandgriff.
Ashley Cooper: „Vergeuden Sie nie Ihren ersten Aufschlag. Ein mit 75%iger Kraftaufwendung geschlagener erster Aufschlag, der zu 75% ins Feld geht, ist besser als ein Kanonenaufschlag, der nur zu 25% an der richtigen Stelle landet."

Häufige Aufschlagfehler:

1. Falsche Beinstellung oder falsche Beinbelastung
2. Zu niedriges Werfen des Balls
3. Den Schläger nicht weit genug hinter den Rücken führen
4. Stop in der Ausholbewegung
5. Falsche Position an der Grundlinie

Amateur oder Profi?

Der Amateur darf im Gegensatz zum Profi für sein Spiel kein Geld annehmen. Er spielt ausschließlich zu seinem Vergnügen, während der Profi – sei es als Tennislehrer oder Turnierspieler – seinen Lebensunterhalt mit dem Tennisspielen verdient. Beide – sowohl Amateur wie Profi – werden unter der Bezeichnung „Spieler“ geführt.

An den jährlich stattfindenden Amateur-Europa-Meisterschaften nehmen hauptsächlich die besten Spieler der Ostblockstaaten teil, da diese offiziell als Amateure gelten.

Das Leben eines Profis erfordert sehr viel Disziplin und Durchhaltevermögen, zumal das Niveau der heutigen Spitzenklasse sehr hoch ist. Man findet von Tag zu Tag mehr junge Spieler, die gewillt sind, sich dem harten Training zu unterwerfen, weil sie sich Chancen ausrechnen, eines Tages zu den Besten zu gehören. Zu dem sportlichen Ehrgeiz kommt der finanzielle Anreiz, denn die Verlierer der ersten Runden erhalten nur so viel Geld, daß sie gerade die Unkosten für Fahrt, Hotel und Verpflegung decken können.

Der Profi ist heutzutage das ganze Jahr hindurch unterwegs, um sich an den Preis-Geld-Turnieren zu beteiligen. Er nimmt beispielsweise an der Serie von Grand Prix-Turnieren in Australien, Paris, Wimbledon und Forest Hills teil. Dabei geht es nicht nur um das jeweilige Preis-Geld, sondern auch um Punkte, die dem Spieler je nach Abschneiden gutgeschrieben werden. Nach Beendigung dieser Turnierserie erhalten die 35 Spieler mit den meisten Punkten außerdem noch einen Sonderbonus, der sich nach der Anzahl der erreichten Punkte richtet.

Trainingstag eines Profis

Um sich in dem starken Feld der Turnierspieler behaupten zu können, ist ein intensives Training unerläßlich. Bei mir beispielsweise sieht ein Trainingstag – wenn ich nicht im Turnier stehe – folgendermaßen aus:

Nach einem leichten Frühstück (Cornflakes und Brote) begebe ich mich auf den Tennisplatz, um ca. eine Stunde lang die Schläge zu trainieren, von denen ich glaube, daß sie zur Zeit Schwächen aufweisen.

Nach einem eiweißreichen Mittagessen etwa mit Steaks und Salaten, folgt ein ausgedehntes Training. Ich spiele mit möglichst gleichstarken Partnern Matche und mache anschließend einen Waldlauf, oder ich gehe auf den Sportplatz, um dort Sprints bzw. ein Intervalltraining zu absolvieren. Danach erfolgt ein Saunabesuch mit anschließender Massage.

Bei einem Turniermatch sieht mein Trainingsprogramm natürlich anders aus: Vor dem Match schlage ich mich intensiv ein, einmal um meinen Rhythmus zu finden, zum anderen, um meinen Kreislauf in Schwung zu bringen.

Je nach Länge des absolvierten Matches schließe ich ein systematisches Schlagtraining an.

Um den Belastungen eines solchen Trainings standhalten zu können, ist eine vernünftige Lebensweise Voraussetzung; dazu gehören ausreichender Schlaf, gesunde Ernährung und weitgehender Verzicht auf Alkohol und Nikotin.

Turniere und Weltmeisterschaften

Der Profi spielt heutzutage das ganze Jahr über. Er ist praktisch dazu gezwungen, da das neue – auf Punkte aufgebaute System – es nicht zuläßt, daß er längere Pausen einlegt.
Zunächst beginnt ein großer Teil der Spieler mit dem sogenannten WCT-circuit (World Championship Tennis). Diese Turnierserie erstreckt sich über ca. 10 Wochen, von Ende Januar bis April. Sie wird von dem Sohn des amerikanischen Ölmilliardärs Hunt veranstaltet. In dieser Serie werden die Teilnehmer in drei Gruppen zu je 48 Spielern aufgeteilt; lediglich beim ersten Turnier in Philadelphia, USA, werden alle drei Gruppen zusammengefaßt, um sich zu einem Eröffnungsturnier zu treffen. Jeder Spieler wird vom Veranstalter persönlich eingeladen.
Nach diesem ersten Turnier verteilen sich die drei Gruppen. So spielt zum Beispiel eine Gruppe ausschließlich im nordamerikanischen Raum; eine andere in Europa mit Station in Südafrika; und die dritte spielt in Südamerika und Asien. Es wird um Geld gespielt, und die Gewinnsumme erhöht sich von Runde zu Runde. Außerdem gibt es für jedes gewonnene Match Punkte. Am Ende der Turnierserie treffen nochmals jene acht Spieler, die die höchste Punktzahl erreicht haben, zu einem großen Finalturnier zusammen, welches meist in Dallas, Texas, dem Sitz der WCT zur Austragung kommt. Der Gewinner dieses Turniers war im Jahre 1981 Ivan Lendl (ČSSR).
Anschließend beginnen die „Grand prix“-Turniere. Diese finden bis in den November hinein statt, über die ganze Welt verteilt, oft sogar laufen mehrere zur gleichen Zeit.

Die Turniere werden von einer großen englischen Versicherungsfirma, der COMMERCIAL-UNION ausgerichtet. Es gibt verschiedene Kategorien von Turnieren, das heißt, es kommt auf die Höhe des ausgespielten Geldes an. So gibt es Veranstaltungen mit 50 000, 75 000, 100 000, 150 000 Dollar und darüber. Auch hier geht es um Punkte für gewonnene Matche, die je nach Einstufung des Turniers vergeben werden.
Die erfolgreichsten acht Spieler aller Turniere werden zum Final-Turnier eingeladen, dem sogenannten „Masters", welches im Dezember abwechselnd in den USA, in Australien und Europa stattfindet. Die 35 bestplazierten Spieler erhalten außerdem am Ende des Jahres einen von Platz 1 bis 35 abgestuften Sonderbonus. Beim Masters-Turnier spielt jeder gegen jeden; auch hier gibt es wieder ein Bonus-System, bei dem der Beste am meisten Geld erhält und der Letzte entsprechend am wenigsten.
Seit einigen Jahren gibt es die sogenannte Computer-Rangliste (computer ranking), eine Spieler-Rangliste, in welcher ca. 500 Turnierspieler aufgeführt sind. Dieses System berücksichtigt alle Turniere mit mindestens 25 000 Dollar Preisgeld insgesamt.
Für den Spieler ist diese Rangliste entscheidend, ob er für ein Turnier akzeptiert wird, da die Rangliste nach den erworbenen Punkten ausgearbeitet wird. Die Rangliste ändert sich alle zwei bis drei Wochen. Sie ist von der ATP-Organisation (Association of Tennis Professionals) der Tennis-Profis ins Leben gerufen worden. Der ATP gehören fast alle Profis an; sie meldet den Spieler für seine Turniere, sie organisiert Turniere, versichert die Spieler etc. Der Spieler entrichtet eine regelmäßige Mitgliedsgebühr.

Der Traum eines jeden Top-Spielers ist es, den „Grand Slam" zu gewinnen. Dieses bedeutet den Gewinn der Einzel-Meisterschaften der Internationalen Meisterschaft von Australien, Frankreich, England und USA innerhalb eines Jahres. Bisher ist der große Erfolg nur zwei Spielern gelungen: Budge (USA) und Laver (Australien). Für den Gewinn des Grand Slam gibt es keinen besonderen Bonus, sondern hierbei geht es allein um die Ehre.

Nationale Deutsche Meister

Herreneinzel		Dameneinzel	
1970	H. J. Pohmann	1970	H. Hösl-Schultze
1971	J. Faßbender	1971	H. Masthoff
1972	H. J. Pohmann	1972	H. Masthoff
1973	U. Pinner	1973	H. Hösl
1974	H. Elschenbroich	1974	H. Hösl
1975	K. Meiler	1975	H. Masthoff
1976	M. Wünschig	1976	H. Masthoff
1977	P. Elter	1977	H. Masthoff
1978	U. Pinner	1978	H. Masthoff
1979	R. Gehring	1979	S. Hanika
1980	M. Wünschig	1980	I. Kühn-Riedel
1981	P. Elter	1981	I. Kühn-Riedel
1982	H. D. Beutel	1982	C. Kohde
1983	K. Eberhard	1983	E. Pfaff
1984	A. Maurer	1984	I. Cueto
1985	R. Gehring	1985	S. Hack
1986	A. Stepanek	1986	I. Cueto

Herrendoppel

1970 Plötz/Pohmann
1971 Buding/Plötz
1972 Faßbender/Pohmann
1973 Faßbender/Pohmann
1974 Gottschalk/Plötz
1975 Gehring/Marten
1976 Marten/Trenkle
1977 Eberhard/Probst
1978 Faßbender/Pinner
1979 Probst/Wünschig
1980 Maurer/Popp
1981 Zipf/Beutel
1982 Maurer/Popp
1983 Maurer/Popp
1984 Eberhard/Marten
1985 Hermann/Meinecke
1986 Mronz/Gau

Damendoppel

1970 Masthoff/Orth
1971 Masthoff/Orth
1972 Masthoff/Orth
1973 Masthoff/Orth
1974 Masthoff/Orth
1975 Masthoff/Ebbinghaus
1976 Masthoff/Ebbinghaus
1977 Masthoff/Ebbinghaus
1978 Masthoff/Ebbinghaus
1979 Masthoff/Ebbinghaus
1980 Eisterlehner/Kühn-Riedel
1981 Kohde/Pfaff
1982 Kohde/Pfaff
1983 Keppeler/Pfaff
1984 Betzner/Walliser
1985 Porwick/Meier
1986 Lechner/Reinhardt

Amtliche Tennis-Spielregeln

des Deutschen Tennis Bundes für Einzel und Doppel

Das Einzelspiel

Regel 1: Spielfeld, Maße, Ausrüstung

Das Spielfeld bildet ein Rechteck von 23,77 m Länge und 8,23 m Breite. Es wird in der Mitte durch ein Netz in zwei Hälften geteilt, welches an einem Seil oder Metallkabel (Maximaldurchmesser 0,8 cm) aufgehängt ist. Die Enden des Seils oder Metallkabels sind am oberen Teil von zwei Pfosten von 1,06 m Höhe befestigt oder darüber hinweggeführt; die Pfosten befinden sich auf jeder Seite 0,91 m außerhalb der Seitenlinien. Die Höhe des Netzes beträgt in der Mitte 0,91 m, wo es durch einen Netzhalter (Gurt oder Riemen) niedergehalten wird, der nicht mehr als 5 cm breit sein darf. Das Seil oder Metallkabel sowie der obere Teil des Netzes ist durch ein Band (Netzeinfassung) eingefaßt, welches auf beiden Seiten des Netzes nicht schmäler als 5 cm und nicht breiter als 6,3 cm sein darf.

Die Linien, welche das Spielfeld an den Enden und Seiten begrenzen, werden als Grundlinien oder Seitenlinien bezeichnet. Auf beiden Seiten des Netzes, je in einem Abstand von 6,40 m und parallel zu dem Netz, werden die als Aufschlaglinien bezeichneten Linien gezogen. Der von dem Netz, der Aufschlaglinie und den Seitenlinien begrenzte Raum wird durch die Aufschlagmittellinie in zwei gleiche Teile geteilt, welche Aufschlagfelder genannt werden. Die Aufschlagmittellinie muß 5 cm breit sein und wird parallel zu den Seitenlinien gezogen.

Jede Grundlinie wird durch eine als Fortsetzung der Aufschlagmittellinie gedachte, 10 cm lange und 5 cm breite Linie, genannt das Mittelzeichen, in zwei Hälften geteilt. Das Mittelzeichen wird

innerhalb des Spielfelds im rechten Winkel zur Grundlinie und in Verbindung mit derselben gezogen. Alle übrigen Linien sollen nicht weniger als 2,5 cm und nicht mehr als 5 cm breit sein, ausgenommen die Grundlinie, die 10 cm breit sein darf. Alle Maße müssen von der äußeren Seite der Linien gemessen werden.
Wenn Flaggen an der Rückseite des Spielfeldes angebracht werden, dann dürfen diese keine weiße oder gelbe oder irgendeine andere helle Farbe enthalten.
Anmerkung: Für die Internationale Tennismeisterschaft (Davis-Cup) oder andere offizielle Meisterschaften der Internationalen Tennis Federation darf der Auslauf hinter jeder Grundlinie nicht weniger als 6,40 m und an den beiden Seiten nicht weniger als 3,66 m breit sein.

Regel 2: Ständige Einrichtungen

Als ständige Einrichtungen des Platzes gelten nicht nur das Netz, die Pfosten, das Seil oder Metallkabel, die Netzeinfassung und der Netzhalter, sondern auch, sofern vorhanden, die hintere und seitliche Einzäunung, die Tribünen, feste oder bewegliche Sitze und Stühle rund um das Spielfeld mitsamt deren Inhabern sowie alle anderen festen Einrichtungen ringsum oder über dem Spielfeld. Das gleiche trifft auch für den Schiedsrichter, die Linienrichter, Fußfehlerrichter zu, sofern sie sich auf den ihnen zugewiesenen Plätzen befinden.
Anmerkung: Im Sinne dieser Regel schließt das Wort „Schiedsrichter" außer diesem auch diejenigen Personen ein, welche ihm als dafür bestimmte Helfer bei der Durchführung des Spiels behilflich sind.

Regel 3: Bälle

Die äußere Hülle des Balls muß glatt und nahtlos sein und weiß oder gelb. Der Durchmesser des Balls darf nicht weniger als 6,35 cm und nicht mehr als 6,67 cm, das Gewicht nicht weniger als 56,70 Gramm und nicht mehr als 58,47 Gramm betragen. Der Ball muß eine Mindestsprunghöhe von 1,35 m und eine höchste Sprunghöhe von 1,47 m haben, wenn er aus einer Höhe von 2,54 m auf eine harte Unterlage fallen gelassen wird. Der Ball soll eine Auf-Deformation von wenigstens 0,56 cm und nicht mehr als 0,74 cm haben wie andererseits eine Rück-Deformation von nicht weniger als 0,89 cm und nicht mehr als 1,08 cm aufweisen bei einem Druck von 8,165 kg. Die beiden Deformationen sollen die Durchschnittsergebnisse von drei einzelnen Längsachsen des Balles sein, von denen keine zwei in jedem Fall mehr als 0,08 cm differieren dürfen. Alle Tests für Sprung, Format und Deformation sollen in Übereinstimmung mit den Bestimmungen des Anhanges hierzu erfolgen.

Regel 4: Schläger

Der Schläger muß aus Rahmen und Bespannung bestehen.
Der Rahmen darf von beliebigem Material und Gewicht, beliebiger Größe und Form sein.
Die Bespannung: An ihren Kreuzungspunkten müssen die Saiten abwechselnd verflochten oder verbunden sein. Jede Saite muß mit dem Rahmen verbunden sein. Es dürfen nur Zusätze verwendet werden, die dem Schutz gegen Abnutzung dienen und die Flugbahn des Balles nicht verändern.

Der Saitenabstand in der Schlägermitte muß dem durchschnittlichen Saitenabstand der übrigen Bespannung entsprechen.
Anmerkung zu dieser Regel: Sinn dieser Regel ist, einen übermäßigen Drall des Balles zu verhindern, der eine Veränderung des Spielcharakters zur Folge haben würde.
Die Bespannung muß so ausgeführt sein, daß eine übermäßige Bewegung zwischen den Saiten nicht erfolgen kann. Dies ist beispielsweise möglich durch 18 Längs- und 18 Quersaiten in gleichmäßigen Abständen und Kreuzungen innerhalb einer Bespannungsfläche von 484 Quadratzentimetern.

Regel 5: Aufschläger, Rückschläger

Die Spieler stellen sich auf den gegenüberliegenden Seiten des Netzes auf. Der Spieler, der den Ball zuerst aufschlägt, heißt Aufschläger (Server), der andere Rückschläger (Receiver).

Regel 6: Aufschlagwahl, Seitenwahl

Die Seitenwahl und die Wahl zwischen Aufschlag und Rückschlag im ersten Spiel werden durch das Los entschieden. Der die Wahl gewinnende Spieler kann wählen oder von seinem Gegner fordern, zu wählen:

a) das Recht, Aufschläger oder Rückschläger zu sein, in welchem Fall der andere Spieler die Seite wählen soll;
b) die Seite, in welchem Fall der andere Spieler das Recht wählt, Aufschläger oder Rückschläger zu sein.

Regel 7: Aufschlag

Der Aufschlag ist in folgender Weise auszuführen: Unmittelbar vor Beginn des Aufschlags muß der Aufschläger mit beiden Füßen in Ruhestellung hinter der Grundlinie (d. h. weiter vom Netz als die Grundlinie), zwischen der gedachten Verlängerung des Mittelzeichens und der Seitenlinie stehen. Der Aufschläger hat nun den Ball mit der Hand in beliebiger Richtung in die Luft zu werfen und denselben mit dem Schläger zu schlagen, bevor er den Boden berührt. Im Augenblick der Berührung des Schlägers mit dem Ball gilt der Aufschlag als erfolgt. Ein Spieler, der nur einen Arm benutzen kann, darf den Ball mit dem Schläger zwecks Aufschlag in die Luft werfen.

Regel 8: Fußfehler

Während des Aufschlags darf der Aufschläger:

a) seine Stellung weder durch Gehen noch durch Laufen verändern;

b) weder mit beiden Füßen noch mit einem Fuß den Boden irgendwo anders berühren als hinter der Grundlinie zwischen der gedachten Verlängerung des Mittelzeichens und der Seitenlinie.

Anmerkung: Die folgende Erläuterung der Regel 8 wurde von der International Lawn Tennis Federation (ILTF) am 9. Juli 1958 wie folgt gebilligt:

Zu a) Unbedeutende Bewegungen der Füße, die sich nicht wesentlich auf die Stellung des Aufschlägers, die dieser ursprünglich eingenommen hat, auswirken, sollen nicht als

„Veränderung seiner Stellung durch Gehen oder Laufen" angesehen werden.

Zu b) Unter „Fuß" ist im Sinne dieser Regel das untere Glied der Beine unterhalb der Knöchel zu verstehen.

Regel 9: Seitenwechsel beim Aufschlag

a) Beim Aufschlag hat der Aufschläger abwechselnd hinter der rechten und hinter der linken Hälfte des Platzes zu stehen, beginnend mit der rechten Hälfte in jedem Spiel. Wenn der Aufschlag von einer falschen Hälfte des Spielfeldes aus erfolgt und dieses nicht bemerkt worden ist, so sollen alle aus solchem Aufschlag oder solchen Aufschlägen resultierenden Ergebnisse bestehen bleiben, jedoch die falsche Handhabung von da an, wo sie bemerkt wurde, sofort berichtigt werden.

b) Der Aufschlagball muß das Netz überfliegen und den Boden innerhalb des schräg gegenüberliegenden Aufschlagfeldes oder eine der Linien berühren, die dieses Feld begrenzen, bevor der Rückschläger den Ball zurückschlägt.

Regel 10: Aufschlagfehler

Der Aufschlag gilt als Fehler:

a) wenn der Aufschläger gegen eine der Regeln 7, 8 oder 9 verstößt;

b) wenn er den Ball bei dem Versuch, ihn zu schlagen, verfehlt;

c) wenn der Aufschlagball, bevor er den Boden berührt, eine der ständigen Einrichtungen des Platzes trifft, mit Ausnahme des Netzes, der Netzeinfassung oder des Netzhalters.

Regel 11: Zweiter Aufschlagball

Nach einem Fehler (wenn es der erste ist) hat der Aufschläger das Recht auf einen weiteren Aufschlag von derselben Seite des Platzes aus, wo er den ersten geschlagen hat, ausgenommen, der Aufschlag war von der falschen Seite aus erfolgt. In Übereinstimmung mit Regel 9 soll der Aufschläger dann das Recht auf nur einen Aufschlagball von der anderen Seite (Hälfte) aus haben. Nachdem der nächste Aufschlag erfolgt ist, kann ein früherer Fehler nicht mehr geltend gemacht werden.

Regel 12: Spielbereitschaft

Der Aufschläger darf nicht servieren, bevor der Rückschläger bereit ist. Versucht der Rückschläger, den Aufschlagball zurückzugeben, so gilt er als spielbereit. Gibt hingegen der Rückschläger zu erkennen, daß er nicht bereit ist, so kann er keinen Aufschlag geltend machen, wenn der Ball nicht den Boden innerhalb des für den Aufschlag bestimmten Feldes berührt hat.

Regel 13: Wiederholungen

In den Fällen, wo die Wiederholung eines Balls gemäß den Regeln oder eine Unterbrechung des Spiels zugestanden wird, soll folgende Handhabung gelten:

a) wenn die Entscheidung lediglich in bezug auf den Aufschlag erfolgt, soll nur ein Aufschlagball nachgespielt werden;
b) erfolgt die Entscheidung in bezug auf irgendwelche anderen Umstände, soll der Punkt wiederholt werden.

Regel 14: Ungültiger Aufschlag

Der Aufschlag ist zu wiederholen:

a) wenn der aufgeschlagene Ball das Netz, die Netzeinfassung oder den Netzhalter berührt, vorausgesetzt, daß er sonst richtig fällt, oder – bevor er den Boden berührt – nach Berührung des Netzes, der Netzeinfassung oder des Netzhalters den Rückschläger oder irgend etwas trifft, was dieser an sich hat oder trägt.

b) wenn der Aufschlag ausgeführt worden ist, bevor der Rückschläger bereit war (s. Regel 12). In diesem Falle zählt der Aufschlag nicht, und der Aufschläger muß ihn nochmals wiederholen; durch eine solche Wiederholung wird aber ein vorhergegangener Aufschlagfehler nicht annulliert.

Regel 15: Aufschlagwechsel

Nach Beendigung des ersten Spiels wird der Rückschläger zum Aufschläger und der Aufschläger zum Rückschläger und so fort, abwechslungsweise für alle nachfolgenden Spiele einer Partie. Schlägt ein Spieler in falscher Reihenfolge auf, so soll derjenige Spieler, der an der Reihe des Aufschlags gewesen wäre, aufschlagen, sobald das Versehen festgestellt ist; alle vor dieser Feststellung gespielten Punkte bleiben gültig. Ist ein Spiel bereits beendet, bevor der Irrtum entdeckt wurde, so bleibt die veränderte Aufschlagordnung bestehen, aber ein vor der Entdeckung geschlagener Aufschlagfehler soll nicht zählen.

Regel 16: Seitenwechsel

Die Spieler wechseln die Seiten nach dem ersten, dritten und jedem folgenden ungeraden Spiel eines jeden Satzes sowie am Ende eines jeden Satzes, außer wenn die Gesamtzahl der Spiele dieses Satzes eine gerade ist, in welchem Falle der Wechsel erst nach dem ersten Spiel des nächsten Satzes stattfindet.
Falls hierbei ein Fehler gemacht und die richtige Reihenfolge nicht eingehalten wird, müssen die Spieler die richtige Aufstellung einnehmen, sobald der Fehler bemerkt wird und die ursprüngliche Reihenfolge fortsetzen.

Regel 17: Ball im Spiel

Ein Ball ist im Spiel, sobald er aufgeschlagen ist. Er bleibt im Spiel, bis der Punkt entschieden ist, ausgenommen bei einem Aufschlagfehler oder einem zu wiederholenden Ball.

Regel 18: Punkt für den Aufschläger

Der Aufschläger gewinnt den Punkt:

a) wenn der aufgeschlagene Ball, soweit er kein Wiederholungsball nach Regel 14 ist, den Rückschläger oder irgendeinen Gegenstand, den dieser trägt oder hält, berührt, bevor er den Boden trifft;
b) wenn der Rückschläger den Punkt auf andere Weise gemäß Regel 20 verliert.

Regel 19: Punkt für den Rückschläger

Der Rückschläger gewinnt den Punkt:

a) wenn der Aufschläger zwei aufeinanderfolgende Aufschlagfehler macht;

b) wenn der Aufschläger auf andere Weise gemäß Regel 20 den Punkt verliert.

Regel 20: Punktverlust

Ein Spieler verliert den Punkt:

a) wenn er den im Spiel befindlichen Ball nicht direkt über das Netz zurückschlägt, bevor dieser den Boden zweimal hintereinander berührt hat (ausgenommen die Fälle nach Regel 24 a oder c);

b) wenn er den im Spiel befindlichen Ball so zurückschlägt, daß dieser den Boden, eine ständige Einrichtung oder einen anderen Gegenstand außerhalb derjenigen Linien trifft, welche das Spielfeld des Gegners begrenzen (ausgenommen die Fälle nach Regel 24 a und c);

c) wenn er den Ball im Fluge nimmt und einen Fehler macht, gleich, ob er außerhalb des Spielfeldes steht;

d) wenn er den Ball auf seinem Schläger absichtlich trägt oder auffängt oder ihn mit seinem Schläger absichtlich mehr als einmal berührt;

e) wenn er oder sein Schläger (gleichgültig, ob er diesen in der Hand trägt oder nicht) oder irgend etwas, das er an sich hat, trägt oder hält, das Netz, die Pfosten, das Seil oder Metallkabel, die Netzeinfassung, den Netzhalter oder den Boden im Spielfeld seines Gegners berühren, während der Ball im Spiel ist;

f) wenn er den Ball als Flugball nimmt, bevor dieser das Netz überflogen hat;

g) wenn der im Spiel befindliche Ball ihn oder irgend etwas, das er an sich hat oder trägt, berührt – ausgenommen den Schläger in seiner Hand oder in seinen Händen;

h) wenn er seinen Schläger nach dem Ball wirft und den Ball berührt;

i) wenn er absichtlich und wesentlich während des Ballwechsels die Form seines Schlägers verändert.

Regel 21: Behinderung des Gegners

Wenn ein Spieler eine Handlung begeht, die den Gegner an der Ausführung eines Schlages hindert, dann verliert er den Punkt, wenn dies absichtlich geschieht; geschieht es unbewußt, dann muß der Punkt wiederholt werden.

Regel 22: Linienball

Fällt der Ball auf eine Linie, so gilt er als auf das von der Linie begrenzte Spielfeld gefallen.

Regel 23: Berührung einer ständigen Einrichtung

Berührt der im Spiel befindliche Ball eine ständige Einrichtung des Platzes (außer Netz, Pfosten, Seil oder Metallkabel, Netzeinfassung oder Netzhalter), nachdem er den Boden getroffen hat, so gewinnt der Spieler, der ihn geschlagen hat, den Punkt, während, bevor er den Boden getroffen hat, der Gegner den Punkt gewinnt.

Regel 24: Guter Rückschlag

Die Rückgabe des Balls gilt als gut:

a) wenn der Ball das Netz, die Pfosten, das Seil oder Metallkabel, die Netzeinfassung oder den Netzhalter berührt, vorausgesetzt, daß er oberhalb derselben passiert und den Boden innerhalb des Spielfeldes trifft;

b) wenn der aufgeschlagene oder zurückgegebene Ball den Boden innerhalb des richtigen Spielfeldes trifft und über das Netz zurückspringt oder zurückgeweht wird, und der Spieler, welcher zum Schlagen an der Reihe ist, über das Netz reicht und den Ball spielt, vorausgesetzt, daß weder er selbst noch irgendein Teil seiner Kleidung oder sein Schläger das Netz, die Pfosten, das Seil oder Metallkabel, die Netzeinfassung oder den Netzhalter oder den Boden innerhalb des Spielfeldes seines Gegners berührt, und vorausgesetzt, daß der Schlag in jeder anderen Hinsicht gültig ist;

c) wenn der Ball an der Außenseite des Pfostens vorbei zurückgeschlagen wird, sei es über oder unter der oberen Kante des Netzes, selbst wenn er den Pfosten berührt, vorausgesetzt, daß er den Boden des richtigen Spielfeldes trifft;

d) wenn der Spieler mit seinem Schläger über das Netz reicht, nachdem er den Ball zurückgeschlagen hat, vorausgesetzt, daß der Ball das Netz überflogen hatte, ehe er geschlagen wurde, und auch sonst ordnungsgemäß zurückgeschlagen wird;

e) wenn es einem Spieler gelingt, den Aufschlagball oder den im Spiel befindlichen Ball zurückzuschlagen, nachdem dieser einen anderen im Spielfeld liegenden Ball getroffen hat.

Anmerkung zu Regel 24:

In einem Einzelspiel, welches aus Bequemlichkeitsgründen auf einem für das Doppelspiel hergerichteten Platz stattfindet, welcher aus diesem Grunde für das Einzelspiel mit „Einzelpfosten" versehen ist, gelten die Pfosten für das Doppelspiel sowie derjenige Teil des Netzes oder Seils oder Metallkabels und der Netzeinfassung, der sich außerhalb der Pfosten für das Einzelspiel befindet, immer als ständige Einrichtung und sind nicht Teile des Netzes oder als Pfosten eines Einzelspiels zu betrachten.

Ein Rückschlag, der unter dem Netzseil oder Metallkabel zwischen den Einzel- und den dazugehörenden Doppelpfosten den Ball ohne Berührung weder des Seils oder Metallkabels, des Netzes noch der Doppelpfosten hindurchspielt und ihn im richtigen Spielfeld den Boden treffen läßt, gilt als gut.

Regel 25: Behinderung

Wird einer der Spieler durch irgend etwas, auf das er keinen Einfluß hat, ausgenommen durch eine der ständigen Einrichtungen des Spielfeldes oder durch eine in der Regel 21 genannten Ausnahmen, im Schlagen behindert, so soll der Punkt nochmals gespielt werden.

Regel 26: Zählweise

Gewinnt ein Spieler den ersten Punkt, so zählt dies 15 zu seinen Gunsten; gewinnt er seinen zweiten Punkt, so zählt dies 30 zu seinen Gunsten; gewinnt er seinen dritten Punkt, so zählt dies 40 zu seinen Gunsten; und der vierte von einem Spieler gewonnene Punkt ist für ihn gewonnenes Spiel mit folgenden Ausnahmen:
Wenn beide Spieler 3 Punkte gewonnen haben, so wird dies als Ausgleich (deuce oder Einstand) bezeichnet, und der nächste von einem Spieler gewonnene Punkt zählt Vorteil zu seinen Gunsten. Gewinnt derselbe Spieler den nächsten Punkt, gewinnt er das Spiel; gewinnt aber der andere Spieler den nächsten Punkt, so wird der Spielstand wieder mit Einstand bezeichnet und so weiter, bis einer der Spieler die beiden auf Einstand folgenden Punkte hintereinander gewinnt, in welchem Falle er das Spiel gewonnen hat.

Regel 27: Satzgewinn

Ein Spieler (oder die Spieler), welcher zuerst sechs Spiele gewinnt, hat den Satz gewonnen, ausgenommen, daß er mit einem Unterschied von zwei Spielen mehr, als sein Gegner hat, gewinnen muß und notfalls jeder Satz so lange gespielt werden muß, bis dieser Unterschied erreicht ist.

Regel 28: Satzhöchstzahl

Die Höchstzahl der Sätze eines Wettspiels darf fünf, bei Teilnahme von Damen drei betragen.

Regel 29: Damen

Soweit nicht ausdrücklich anders bestimmt wird, ist in diesen Regeln überall da, wo vom männlichen Geschlecht die Rede ist, auch das weibliche Geschlecht inbegriffen.

Regel 30: Schiedsrichter, Oberschiedsrichter

In Wettspielen, für welche ein Schiedsrichter ernannt ist, ist dessen Entscheidung endgültig; wenn ein Oberschiedsrichter ernannt ist, kann eine Berufung über die Entscheidung des Schiedsrichters in Rechtsfragen bei ihm eingelegt werden, und in allen diesen Fällen ist die Entscheidung des Oberschiedsrichters endgültig.
In Spielen, wo dem Schiedsrichter Hilfskräfte beigegeben sind (Linienrichter, Netzrichter, Fußfehlerrichter), sollen deren Entschei-

dungen in Tatfragen endgültig sein, ausgenommen, wenn sie nach Ansicht des Schiedsrichters eine klare Fehlentscheidung getroffen haben. In diesem Fall ist er berechtigt, die Entscheidung des Hilfsrichters abzuändern oder eine Wiederholung anzuordnen. Falls ein solcher Nebenrichter außerstande ist, zu entscheiden, muß er dieses dem Schiedsrichter unverzüglich anzeigen, welcher dann eine Entscheidung zu treffen hat. Falls der Schiedsrichter außerstande ist, eine Entscheidung in einer Tatfrage zu treffen, soll er auf Wiederholung des Punktes entscheiden.
Im Davis-Cup oder in anderen Mannschafts-Wettkämpfen, bei denen der Oberschiedsrichter auf dem betreffenden Tennisplatz ist, kann jede Entscheidung durch den Oberschiedsrichter abgeändert werden. Dieser kann auch den Schiedsrichter anweisen, den Punkt wiederholen zu lassen.
Der Oberschiedsrichter kann jederzeit nach seinem Ermessen für ein Wettspiel aufgrund der Dunkelheit, der Witterung oder des Zustandes des Platzes Aufschub eines Matches anordnen. In jedem Fall der Aufschiebung sollen der vorhergehende Spielstand und die vorherige Belegung der Plätze Geltung behalten, ausgenommen, daß der Oberschiedsrichter und die Spieler sich einmütig anders einigen.

Regel 31: Unterbrechungen

Es muß vom ersten Aufschlag bis zum Schluß des Wettspiels ohne Unterbrechung gespielt werden.

a) Dessen ungeachtet hat jeder Spieler nach Beendigung des dritten Satzes, wenn Damen mitspielen, des zweiten Satzes, den Anspruch auf eine Ruhepause, welche 10 Minuten nicht überschreiten darf. In Ländern, die zwischen 15° nördl. Breite und 15° südl. Breite liegen, darf diese Pause nicht länger als 45 Minuten dauern.

Wenn Umstände, auf welche die Spieler keinen Einfluß haben, es erforderlich machen, kann der Schiedsrichter das Spiel für einen Zeitraum unterbrechen, den er für erforderlich hält.

Wenn ein unterbrochenes Wettspiel erst an einem der folgenden Tage fortgesetzt wird, darf die Pause erst nach dem 3. an diesem Tage gespielten Satz gemacht werden (wenn Damen mitspielen, nach dem 2. Satz); die Beendigung eines begonnenen Satzes zählt als ganzer Satz.

Wenn ein unterbrochenes Wettspiel nicht vor Ablauf von 10 Minuten am gleichen Tage fortgesetzt wird, darf die Pause erst nach drei aufeinanderfolgenden, ohne Unterbrechung gespielten Sätzen gemacht werden (wenn Damen mitspielen, nach dem zweiten Satz); die Beendigung eines begonnenen Satzes zählt als ganzer Satz.

Jede Nation kann diesen Vorbehalt ändern oder aus ihren Bestimmungen für Turniere und Mannschaftswettkämpfe in ihrem eigenen Land streichen, soweit es sich nicht um die internationalen Tennismeisterschaften handelt (Davis-Cup und Federation-Cup).

b) Ein Wettspiel darf niemals unterbrochen, verzögert oder gestört werden, um einen Spieler ausruhen oder Atem schöpfen zu lassen.

c) Spätestens 30 Sekunden nach dem Ende eines Punktes muß der nächste Aufschlag ausgeführt sein.
Werden die Seiten gewechselt, muß der Aufschlag zum ersten Punkt des nächsten Spiels spätestens eine Minute und 30 Sekunden nach dem Ende des letzten Punktes des vorangegangenen Spiels erfolgt sein.

Diese Bestimmungen sind genau einzuhalten. Der Schiedsrichter allein entscheidet über jede Unterbrechung, Verzögerung oder Störung und kann den Schuldigen nach eindeutiger Verwarnung disqualifizieren.

Anmerkung: Ein Turnierausschuß kann die Zeitdauer des Einschlagens vor einem Wettspiel nach eigenem Ermessen bestimmen. Es wird empfohlen, daß 5 Minuten nicht überschritten werden.

Regel 32: Beratung von Spielern

Während eines Wettspiels innerhalb eines Mannschaftswettkampfes darf ein Spieler von einem Mannschaftsführer beraten werden, wenn dieser auf dem betreffenden Tennisplatz sitzt. Dies darf nur beim Seitenwechsel nach Beendigung eines Spieles geschehen, aber nicht, wenn die Seiten in einem Tie-Break-Spiel gewechselt werden.

In allen übrigen Wettspielen darf ein Spieler keine Ratschläge entgegennehmen.

Die Bestimmungen dieser Regel müssen genau eingehalten werden. Ein hiergegen verstoßender Spieler kann nach eindeutiger Verwarnung disqualifiziert werden.

Regel 33: Falsche Reihenfolge beim Ballwechsel

Wenn in Wettkämpfen, bei denen nach einer vereinbarten Zahl von Spielen die Bälle gewechselt werden, dies jedoch nicht in der richtigen Reihenfolge geschieht, muß der Fehler dann berichtigt werden, wenn der Spieler (oder beim Doppelspiel das Paar) wieder Aufschlag hat, der (das) mit den neuen Bällen hätte aufschlagen sollen.

Das Doppelspiel

Regel 34

Die obigen Regeln gelten auch für das Doppelspiel mit folgenden Ausnahmen:

Regel 35: Ausmaße des Spielfelds

Das Spielfeld für das Doppelspiel beträgt in der Breite 10,97 m, d. h. 1,37 m auf jeder Seite mehr als das Spielfeld für das Einzelspiel. Diejenigen Teile der Einzelspielseitenlinien, welche zwischen den beiden Aufschlaglinien liegen, werden Aufschlag-Seitenlinien genannt. In jeder anderen Hinsicht soll das Spielfeld genau das gleiche sein, wie es Regel 1 beschreibt. Diejenigen Teile der Einzelspiel-Seitenlinien, welche zwischen Grundlinie und Aufschlaglinie liegen, können auf beiden Seiten des Netzes fortgelassen werden.

Regel 36: Reihenfolge des Aufschlags

Die Reihenfolge des Aufschlags soll zu Beginn eines jeden Satzes folgendermaßen entschieden werden:
Dasjenige Paar, welches das Recht zum Aufschlag im ersten Spiel eines jeden Satzes hat, soll entscheiden, welcher Partner mit dem Aufschlag beginnen soll. Das gegnerische Paar hat dasselbe Recht für das zweite Spiel. Der Partner desjenigen Spie-

lers, welcher im ersten Spiel aufschlug, hat im dritten Spiel aufzuschlagen. Der Partner desjenigen Spielers, der im zweiten Spiel aufschlug, hat im vierten Spiel aufzuschlagen und so fort, abwechselnd in dieser Reihenfolge in allen folgenden Spielen eines Satzes.

Regel 37: Reihenfolge des Rückschlags

Die Reihenfolge der Rückschlagpartei bezüglich des Aufschlags soll zu Beginn jeden Satzes folgendermaßen entschieden werden:
Das Paar, welches im ersten Spiel den Aufschlag zurückzuschlagen hat, muß entscheiden, welcher Partner den ersten Aufschlag zum Rückschlag empfängt, und dieser Spieler hat weiterhin während der Dauer des Spiels in jedem ungeraden Spiel während des Satzes den ersten Aufschlag zu empfangen. Das gegnerische Paar soll gleicherweise entscheiden, welcher Partner in dem zweiten Spiel den ersten Aufschlag empfangen und zurückschlagen soll. Diese Reihenfolge hat ebenfalls während der Dauer des Satzes, aber in jedem geraden Spiel, unverändert zu bleiben. Die Partner erwarten die Aufschlagbälle das ganze Spiel hindurch abwechselnd.

Regel 38: Falsche Reihenfolge beim Aufschlag

Wenn ein Spieler irrtümlicherweise aufschlägt, ohne daß die Reihe an ihm ist, so soll, sobald der Irrtum entdeckt wird, derjenige Spieler unmittelbar aufschlagen, an dem die Reihe eigentlich gewesen wäre. Die bereits gespielten Punkte und jeder vor der Entdeckung des Irrtums erfolgte Aufschlagfehler werden gerechnet. Wird der Irrtum erst am Ende eines Spieles bemerkt, so soll die veränderte Reihenfolge des Aufschlags beibehalten werden.

Regel 39: Falsche Reihenfolge beim Rückschlag

Wird während eines Spiels die Reihenfolge im Zurückschlagen des Aufschlags von der rückschlagenden Partei geändert, so bleibt diese geänderte Reihenfolge bis zum Ende des Spiels, in dem der Irrtum entdeckt wurde; die Partner müssen aber im nächsten Spiel des Satzes, in welchem sie Rückschläger sind, die ursprüngliche Reihenfolge wieder einhalten.

Regel 40: Aufschlagfehler

Der Aufschlag gilt als Fehler in den Fällen der Regel 10 oder wenn der aufgeschlagene Ball den Partner des Aufschlägers berührt oder irgendetwas, was er trägt oder hält. Wenn jedoch der aufgeschlagene Ball, bevor er den Boden berührt – ausgenommen, er ist ein Netzball gemäß Regel 14 a – den Partner des Rückschlägers oder irgendetwas, was er trägt oder hält, berührt, so gewinnt der Aufschläger den Punkt.

Regel 41: Abwechselndes Schlagen der Parteien

Der Aufschlagball soll abwechselnd von einem der beiden Spieler der gegnerischen Paare geschlagen werden. Wenn ein Spieler in Verletzung dieser Regel den im Spiel befindlichen Ball mit seinem Schläger berührt, so gewinnen seine Gegner den Punkt.

Offizielles Tie-Break-Zählsystem des DTB

„Tie-Break" wird angewendet, wenn in einem Satz der Spielstand 6:6 erreicht wird. Ein „Tie-Break"-Spiel verläuft nach folgenden Regeln:

Im Einzel:

a) Die Punkte werden numerisch gezählt. Der Spieler, der zuerst sieben Punkte erreicht, gewinnt das Spiel und den Satz, vorausgesetzt er hat einen Vorsprung von mindestens zwei Punkten. Kommt es zu einem Punktestand von 6:6, dann wird das Spiel fortgesetzt bis einer der Spieler einen Zweipunktevorsprung erreicht hat.

b) Der Spieler, der mit dem Aufschlag an der Reihe ist, schlägt für den ersten Punkt des Tie-Break auf, sein Gegner dann für den zweiten und dritten Punkt. Fortlaufend schlagen beide Spieler abwechselnd für jeweils zwei Punkte hintereinander auf, bis der Gewinner des Spiels und damit des Satzes feststeht.

c) Der Aufschlag zum ersten Punkt beim Tie-Break erfolgt von der rechten Platzseite. Danach wird abwechselnd von links und rechts aufgeschlagen.
d) Nach jeweils sechs Punkten wechseln die Spieler (ohne Pause) die Seiten. Auch nach Beendigung des Tie-Break-Spiels werden die Seiten gewechselt.
e) Das Tie-Break-Spiel zählt als ein Spiel hinsichtlich der Ausgabe neuer Bälle.
   Ausnahme: Wenn die Bälle zu Beginn des Tie-Break-Spiels gewechselt werden sollen, wird der Wechsel bis zum 2. Spiel des folgenden Satzes aufgeschoben.

Im Doppel:

Beim Doppel wird der Tie-Break in gleicher Weise angewendet. Der Spieler, der mit dem Aufschlag an der Reihe ist, schlägt für den ersten Punkt auf. Danach haben alle Spieler in der gleichen Reihenfolge wie vorher in diesem Satz abwechselnd Aufschlag für jeweils zwei Punkte bis der Gewinner des Spiels und damit des Satzes ermittelt ist.

Aufschlagwechsel:

Der Spieler (oder das Doppelpaar), der im Tie-Break-Spiel mit dem Aufschlag beginnt, ist im ersten Spiel des folgenden Satzes Rückschläger.
Eine andere Zählweise für den Tie-Break ist nicht zulässig.

Tennis-Fachausdrücke

Centre-Court
Meisterschaftsplatz, meistens von Tribünen umgeben.

Chip
Bei dieser Schlagart wird mit dem Schläger nur wenig ausgeholt und mit dem Arm nur wenig durchgezogen. Der Ball wird sehr früh genommen und kurz zurückgegeben.

Chop und Slice
Neben dem geraden Grundschlag (Drive oder Treibschlag) gibt es noch diese beiden anderen, häufig angewendeten Grundschläge. Chop und Slice unterscheiden sich nur in dem Winkel, den die Schlägerfläche mit der Flugbahn des Balls bildet. Beim Chop ist der Winkel größer als 45 Grad, beim Slice kleiner als 45 Grad. In beiden Fällen liegt der Schlägerkopf beim Ausholen über dem ankommenden Ball. Er wird mit einer leichten Drehung des Handgelenks unter dem Ball durchgezogen. Der Ball erhält durch den Unterschnitt eine Rückwärtsdrehung.

Crossball
Der Ball wird diagonal über den Platz geschlagen.

Drive
oder Treibschlag ist der normale, am häufigsten gebrauchte Grundschlag.

Dropshot (Stopball)
Ein mit Gefühl geschlagener Slice, bei dem man den Schlägerkopf zurückkippt, als ob man ein Mittelding zwischen Slice und Chop schlagen wollte.

Grand Slam
Traum aller großen Spieler: in einem Jahr die Einzel-Meisterschaften von Australien, Frankreich, Wimbledon und den USA zu gewinnen.

Halbflugball
Ein direkt nach dem Aufsprung genommener Treibschlag. Der Ball wird also nicht in Hüfthöhe geschlagen, sondern fast aus der Hocke heraus.

Schlägerkopf
Schlagfläche einschließlich Rahmen.

Schlagfläche
Bespannte Fläche innerhalb des Schlägerrahmens.

Schlägerherz
Das kleine Dreieck, in dem sich Schlägerschaft und Schlägerrahmen treffen.

Twist
Zusätzlich zur Vorwärtsbewegung erhält der Ball eine Drehung

von links nach rechts und eine Drehung von unten nach oben. Der Ball weicht also – in Flugrichtung gesehen – vom Boden nach rechts ab. Diese Technik wird vor allem beim Twist-Aufschlag gebraucht; der Ball wird nicht – wie normalerweise – vor dem Kopf hochgeworfen, sondern über den Kopf nach hinten.

Verdeckter Schlag
Der Spieler läßt seinen Gegner bis zum letzten Augenblick im Ungewissen, welche Richtung er dem Ball geben wird.

Vorwärtsdrall
Der etwas über dem Mittelpunkt der Schlagfläche getroffene Ball bewegt sich in der Schlagrichtung und dreht sich gleichzeitig um seine eigene Achse vorwärts; dadurch springt der Ball flach vom Boden ab.

Stand Herbst 1986

Gesamt-Programm

Essen und Trinken

Köstliche Suppen
für jede Tages- und Jahreszeit. (5122) Von E. Fuhrmann, 64 S., 38 Farbfotos, 2 Zeichnungen, Pappband.
DM 14,80/S 119.–

Kochen, was allen schmeckt
1700 Koch- und Backrezepte für jede Gelegenheit. (4098) Von A. und G. Eckert, 796 S., 60 Farbtafeln, Pappband. **DM 29,80**/S 239.–

Brunos beste Rezepte
– rund ums Jahr (4154) Von B. Henrich, 136 S., 15 Farbfotos, kart.
DM 14,80/S 119.–

Was koche ich heute?
Neue Rezepte für Fix-Gerichte. (0608) Von A. Badelt-Vogt, 112 S., 16 Farbtafeln, kart. **DM 9,80**/S 79.–

Kochen für 1 Person
Rationell wirtschaften, abwechslungsreich und schmackhaft zubereiten. (0586) Von M. Nicolin, 136 S., 8 Farbtafeln, 23 Zeichnungen, kart.
DM 9,80/S 79.–

Gesunde Kost aus dem Römertopf
(0442) Von J. Kramer, 128 S., 8 Farbtafeln, 13 Zeichnungen, kart.
DM 8,80/S 74.–

Nudelgerichte
– lecker, locker, leicht zu kochen. (0466) Von C. Stephan, 80 S., 8 Farbtafeln, kart.
DM 7,80/S 69.–

Lieblingsrezepte
Phantasievoll zubereitet und originell dekoriert. (4234) Hrsg. P. Diller. 160 S., 120 Farbfotos, 34 Zeichnungen, Pappband. **DM 24,80**/S 198.–

Was Männer gerne essen
Leibgerichte
(2216) Von C. Arius, 80 S., 55 Farbabb., Pappband. **DM 9,80**/S 85.–

Omas Küche und unsere Küche heute
(4089) Von J. P. Lemcke, 160 S., 8 Farbtafeln, 95 Zeichnungen, Pappband.
DM 24,80/S 198.–

Die besten Eintöpfe und Aufläufe
Das Beste aus den Kochtöpfen der Welt (5079) Von A. und G. Eckert, 64 S., 50 Farbfotos, Pappband.
DM 14,80/S 119.–

FALKEN-FEINSCHMECKER
Herzhaftes für Leib und Seele
Eintöpfe
(0820) Von P. Klein, 48 S., 30 Farbfotos, Pappband. **DM 9,80**/S 79.–

Schnell und gut gekocht
Die tollsten Rezepte für den Schnellkochtopf. (0265) Von J. Ley, 96 S., 8 Farbtafeln, kart. **DM 7,80**/S 69.–

Kochen und backen im Heißluftherd
Vorteile, Gebrauchsanleitung, Rezepte. (0516) Von K. Kölner, 72 S., 8 Farbtafeln, kart. **DM 7,80**/S 69.–

Das neue Mikrowellen-Kochbuch
(0434) Von H. Neu, 64 S., 4 Farbtafeln, 16 s/w Zeichnungen, kart.
DM 6,80/S 59.–

Ganz und gar mit Mikrowellen
(4094) Von T. Peters, 208 S., 24 Farbfotos, 12 Zeichnungen, kart.
DM 29,80/ S 239.–

FALKEN-FEINSCHMECKER
Schnell auf den Tisch gezaubert
Kochen mit Mikrowellen
(0818) Von A. Danner, 64 S., 52 Farbfotos, Pappband. **DM 9,80**/S 79.–

Haltbar machen durch
Trocknen und Dörren
Obst, Gemüse, Pilze, Kräuter (0696) Von M. Bustorf-Hirsch, 32 S., 42 Farbfotos, Spiralbindung.
DM 7,80/ S 69.–

Marmeladen, Gelees und Konfitüre
Köstlich wie zu Omas Zeiten – einfach selbstgemacht. (0720) Von M. Gutta, 32 S., 23 Farbfotos, 1 Zeichnung, Pappband. **DM 7,80**/S 69.–

Einkochen
nach allen Regeln der Kunst. (0405) Von B. Müller, 128 S., 8 Farbtafeln, kart.
DM 9,80/S 79.–

Einkochen, Einlegen, Einfrieren
(4055) Von B. Müller, 27 s/w.-Abb., kart.
DM 14,80/S 119.–

Das neue Fritieren
geruchlos, schmackhaft und gesund. (0365) Von P. Kühne, 96 S., 8 Farbtafeln, kart. **DM 7,80**/S 69.–

Weltmeister-Soßen
Die Krönung der feinen Küche. (0357) Von G. Cavestri, 96 S., 4 Farbtafeln, 80 Zeichnungen, kart. **DM 9,80**/S 79.–

FALKEN-FEINSCHMECKER
Die Krönung der feinen Küche
Saucen
(0817) Von G. Cavestri, 48 S., 40 Farbfotos, Pappband. **DM 9,80**/S 79.–

Wildgerichte
einfach bis raffiniert. (5115) Von M. Gutta, 64 S., 43 Farbfotos, Pappband.
DM 14,80/S 119.–

Geflügel
Die besten Rezepte aus aller Welt. (5050) Von M. Gutta, 64 S., 32 Farbfotos, Pappband. **DM 14,80**/S 119.–

Mehr Freude und Erfolg beim **Grillen**
(4141) Von A. Berliner, 160 S., 147 Farbfotos, 10 farbige Zeichnungen, Pappband. **DM 24,80**/S 198.–

Grillen
Fleisch · Fisch · Beilagen · Soßen. (5001) Von E. Fuhrmann, 64 S., 38 Farbfotos, Pappband. **DM 14,80**/S 119.–

Chinesisch kochen
Schmackhafte Rezepte für die abwechslungsreiche Küche. (5011) Von A. und G. Eckert, 64 S., 57 Farbfotos, Pappband.
DM 14,80/S 119.–

Chinesisch kochen
mit dem Wok-Topf und dem Mongolen-Topf. (0557) Von C. Korn, 64 S., 8 Farbtafeln, kart. **DM 7,80**/S 69.–

Schlemmerreise durch die
Chinesische Küche
(4184) Von Kuo Huey Jen, 160 S., 117 Farbfotos, Pappband.
DM 24,80/S 198.–

Ostasiatische Küche
schmackhaft, bekömmlich und vielseitig. (5066) Von T. Sozuki, 64 S., 39 Farbfotos, Pappband. **DM 14,80**/S 119.–

Nordische Küche
Speisen und Getränke von der Küste. (5082) Von J. Kürtz, 64 S., 44 Farbfotos, Pappband. **DM 14,80**/S 119.–

Deutsche Küche
Schmackhafte Gerichte von der Nordsee bis zu den Alpen. (5025) Von E. Fuhrmann, 64 S., 52 Farbfotos, Pappband.
DM 14,80/S 119.–

Essen in Hessen
Spezialitäten zwischen Schwalm und Odenwald
(0837) Von R. Witt, 120 S., 10 s/w-Zeichnungen, Pappband.
DM 12,80/ S 99.–

Französisch kochen
Eine kulinarische Reise durch Frankreich. (5016) Von M. Gutta, 64 S., 35 Farbfotos, Pappband. **DM 14,80**/S 114.–

Französische Küche
(0685) Von M. Gutta, 96 S., 16 Farbtafeln, kart. **DM 8,80**/S 74.–

Französische Spezialitäten aus dem Backofen
Herzhafte Tartes und Quiches mit Fleisch, Fisch, Gemüse und Käse (5146) Von P. Klein, 64 S., 43 Farbfotos, Pappband. **DM 16,80**/139.–

Kochen und würzen mit **Knoblauch**
(0725) Von A. und G. Eckert, 96 S., 8 Farbtafeln, kart. **DM 7,80**/S 69.–

Schlemmerreise durch die
Italienische Küche
(4172) Von V. Pifferi, 160 S., 109 Farbfotos, Pappband. **DM 24,80**/S 198.–

Italienische Küche
Ein kulinarischer Streifzug mit regionalen Spezialitäten. (5026) Von M. Gutta, 64 S., 35 Farbfotos, Pappband.
DM 14,80/S 119.–

Portugiesische Küche und Weine
Kulinarische Reise durch Portugal. (0607) Von E. Kasten, 96 S., 16 Farbtafeln, kart. **DM 9,80**/S 79.–

Köstliche Pizzas, Toasts, Pasteten
Schmackhafte Gerichte schnell zubereitet. (5081) Von A. und G. Eckert, 64 S., 46 Farbfotos, Pappband.
DM 14,80/S 119.–

FALKEN-FEINSCHMECKER
Schlemmen wie bei Mamma Maria
Pizzas
(0815) Von F. Faist, 64 S., 62 Farbfotos, Pappband. **DM 9,80**/S 79.–

Köstliche Pilzgerichte
Rezepte für die meistvorkommenden Speisepilze. (5133) Von V. Spicker-Noack, M. Knoop, 64 S., 52 Farbfotos, Pappband. **DM 14,80**/S 119.–

Am Tisch zubereitet
Fondues, Raclettes, Flambieren. (4152) Von I. Otto, 208 S., 12 Farbtafeln, 17 s/w-Fotos, Pappband. **DM 24,80**/S 198.–

Köstliche Fondues
mit Fleisch, Geflügel, Fisch, Käse, Gemüse und Süßem. (5006) Von E. Fuhrmann, 64 S., 50 Farbfotos, Pappband.
DM 14,80/S 119.–

Fondues
und fritierte Leckerbissen. (0471) Von S. Stein, 96 S., 8 Farbtafeln, kart.
DM 6,80/S 59.–

Fondues · Raclettes · Flambiertes
(4081) Von R. Peiler und M.-L. Schult, 136 S., 15 Farbtafeln, 28 Zeichnungen, kart. **DM 14,80**/S 119.–

Neue, raffinierte Rezepte mit dem Raclette-Grill
(0558) Von L. Helger, 56 S., 8 Farbtafeln, kart. **DM 7,80**/S 69.–

Rezepte rund um Raclette und Hobby-Rechaud
(0420) Von J. W. Hochscheid, 72 S., 8 Farbtafeln, kart. **DM 7,80**/S 69.–

Fondues und Raclettes
(4253) Von F. Faist, 160 S., 125 Farbfotos, Pappband. **DM 24,80**/S 198.–

Kochen und Würzen mit
Paprika
(0792) Von A. u. G. Eckert, 88 S., 8 Farbtafeln, kart. **DM 8,80**/S 74,–

Kleine Kalte Küche
für Alltag und Feste. (5097) Von A. und G. Eckert, 64 S., 45 Farbfotos, Pappband. **DM 12,80**/S 99.–

Kalte Platten – Kalte Büfetts
rustikal bis raffiniert. (5015) Von M. Gutta, 64 S., 34 Farbfotos, Pappband. **DM 14,80**/S 119.–

Kalte Happen und Partysnacks
Canapês, Sandwiches, Pastetchen, Salate und Suppen. (5029) Von D. Peters, 64 S., 44 Farbfotos, Pappband. **DM 14,80**/S 119.–

Garnieren und Verzieren
(4236) Von R. Biller, 160 S., 329 Farbfotos, 57 Zeichnungen, Pappband. **DM 24,80**/S 198,–

Desserts
Puddings, Joghurts, Fruchtsalate, Eis, Gebäck, Getränke. (5020) Von M. Gutta, 64 S., 41 Farbfotos, Pappband. **DM 14,80**/S 119.–

Crêpes, Omeletts und Soufflés
Pikante und süße Spezialitäten. (5131) Von J. Rosenkranz, 64 S., 45 Farbfotos, Pappband. **DM 14,80**/S 119.–

Backen
(4113) Von M. Gutta, 240 S., 123 Farbfotos, Pappband. **DM 48,–**/S 398.–

Kuchen und Torten
Die besten und beliebtesten Rezepte. (5067) Von M. Sauerborn, 64 S., 79 Farbfotos, Pappband. **DM 14,80**/S 119.–

Tortenträume und Kuchenfantasien
Gebackene Köstlichkeiten originell dekoriert und verziert (0823) Von F. Faist, 80 S., 150 Farbfotos, kart. **DM 19,80**/S 159.–

Schönes Hobby Backen
Erprobte Rezepte mit modernen Backformen. (0451) Von E. Blome, 96 S., 8 Farbtafeln, kart. **DM 7,80**/S 69.–

Backen, was allen schmeckt
Kuchen, Torten, Gebäck und Brot. (4166) Von E. Blome, 556 S., 40 Farbtafeln, Pappband. **DM 24,80**/S 198,–

Meine Vollkornbackstube
Brot · Kuchen · Aufläufe. (0616) Von R. Raffelt, 96 S., 4 Farbtafeln, 12 Zeichnungen, kart. **DM 6,80**/S 59.–

FALKEN-FEINSCHMECKER
Mit Körnern, Zimt und Mandelkern
Vollkorngebäck
(0816) Von M. Bustorf-Hirsch, 48 S., 39 Farbfotos, Pappband. **DM 9,80**/ S 79.–

Biologisch Backen
Neue Rezeptideen für Kuchen, Brote, Kleingebäck aus vollem Korn. (4174) Von M. Bustorf-Hirsch, 136 S., 15 Farbtafeln, 47 Zeichnungen, kart. **DM 14,80**/S 119,–

Selbst Brotbacken
Über 50 erprobte Rezepte. (0370) Von J. Schiermann, 80 S., 6 Zeichnungen, 4 Farbtafeln, kart. **DM 6,80**/S 59.–

Mehr Freude und Erfolg beim
Brotbacken
(4148) Von A. und G. Eckert, 160 S., 177 Farbfotos, Pappband. **DM 24,80**/S 198,–

Brotspezialitäten
knusprig backen – herzhaft kochen. (5088) Von J. W. Hochscheid und L. Helger, 64 S., 48 Farbfotos, Pappband. **DM 14,80**/S 119.–

Weihnachtsbäckerei
Köstliche Plätzchen, Stollen, Honigkuchen und Festtagstorten. (0682) Von M. Sauerborn, 32 S., 36 Farbfotos, Pappband. **DM 7,80**/S 69.–

Waffeln
süß und pikant. (0522) Von C. Stephan, 64 S., 8 Farbtafeln, kart. **DM 6,80**/S 59.–

Kochen für Diabetiker
Gesund und schmackhaft für die ganze Familie. (4132) Von M. Toeller, W. Schumacher, A. C. Groote, 224 S., 109 Farbfotos, 94 Zeichnungen, Pappband. **DM 29,80**/S 239.–

Neue Rezepte für Diabetiker-Diät
Vollwertig – abwechslungsreich – kalorienarm. (0418) Von M. Oehlrich, 120 S., 8 Farbtafeln, kart. **DM 9,80**/S 79.–

Schlemmertips für Figurbewußte
(0680) Von V. Kahn, 64 S., 8 Farbtafeln, kart. **DM 9,80**/S 79.–

Wer schlank ist, lebt gesünder
Tips und Rezepte zum Schlankwerden und -bleiben. (0562) Von R. Mainer, 80 S., 8 Farbtafeln, kart. **DM 8,80**/S 74.–

Kalorien – Joule
Eiweiß · Fett · Kohlenhydrate tabellarisch nach gebräuchlichen Mengen. (0374) Von M. Bormio, 88 S., kart. **DM 6.80**/59.–

Alles mit Joghurt
tagfrisch selbstgemacht. Mit vielen Rezepten. (0382) Von G. Volz, 88 S., 8 Farbtafeln, kart., **DM 7,80**/S 69.–

Die Brot-Diät
Ein Schlankheitsplan ohne Extreme. (0452) Von Prof. Dr. E. Menden und W. Aign, 92 S., 8 Farbtafeln, kart., **DM 7,80**/S 69.–

Gesund leben – schlank werden mit der
Bio-Kur
(0657) Von S. Winter, 144 S., 4 Farbtafeln, kart. **DM 9,80**/S 79,–

Miekes Kräuter- und Gewürzkochbuch
(0323) Von I. Persy und K. Mieke, 96 S., 8 Farbtafeln, kart. **DM 8,80**/S 74,–

Salate
(4119) Von C. Schönherr, 240 S., 115 Farbfotos, gebunden. **DM 48,–**/S 389.–

Delikate Salate
für alle Gelegenheiten rund um's Jahr. (5002) Von E. Fuhrmann, 64 S., 50 Farbfotos, Pappband. **DM 14,80**/S 119.–

Das köstliche knackige Schlemmervergnügen.
Salate
(4165) Von V. Müller, 160 S., 80 Farbfotos, Pappband. **DM 24,80**/S 198,–

111 köstliche Salate
Erprobte Rezepte mit Pfiff. (0222) Von C. Schönherr, 96 S., 8 Farbtafeln, 30 Zeichnungen, kart. **DM 8,80**/S 74.–

Rohkost
Schmackhafte Gerichte für die gesunde Ernährung. (5044) Von I. Gabriel, 64 S., 53 Farbfotos, Pappband. **DM 14.80**/S 119.–

Joghurt, Quark, Käse und Butter
Schmackhaftes aus Milch hausgemacht. (0739) Von M. Bustorf-Hirsch, 32 S., 59 Farbabb., Pappband. **DM 7,80**/S 69,–

Die abwechslungsreiche Vollwertküche
Vitaminreich und naturbelassen kochen und backen. (4229) Von M. Bustorf-Hirsch, K. Siegel, 280 S., 31 Farbtafeln, 78 Zeichungen, Pappband. **DM 36,–**/ S 319,–

Alternativ essen
Die gesunde Sojaküche. (0553) Von U. Kolster, 112 S., 8 Farbtafeln, kart. **DM 9,80**/S 79,–

Das Reformhaus-Kochbuch
Gesunde Ernährung mit hochwertigen Naturprodukten. (4180) Von A. u. G. Eckert, 160 S. 15 Farbtafeln, Pappband. **DM 24,80**/S 198,–

Gesund kochen mit Keimen und Sprossen
(0794) Von M. Bustorf-Hirsch, 104 S., 8 Farbtafeln, 13 s/w-Zeichnungen, kart. **DM 8,80**/S 74,–

Die feine Vegetarische Küche
(4235) Von F. Faist, 160 S., 191 Farbfotos, Pappband. **DM 24,80**/S 198,–

Biologische Ernährung
für eine natürliche und gesunde Lebensweise. (4125) Von G. Leibold, 136 S., 15 Farbtafeln, 47 Zeichnungen, kart. **DM 14,80**/S 119.–

Gesunde Ernährung für mein Kind
(0776) Von M. Bustorf-Hirsch, 96 S., 8 Farbtafeln, 5 s/w Zeichnungen, kart. **DM 9,80**/S 79,–

Vitaminreich und naturbelassen
Biologisch Kochen
(4162) Von M. Bustorf-Hirsch und K. Siegel, 144 S., 15 Farbtafeln, 31 Zeichnungen, kart., **DM 14,80**/S 119.–

Gesund kochen
wasserarm · fettfrei · aromatisch. (4060) Von M. Gutta, 240 S., 16 Farbtafeln, Pappband. **DM 29,80**/S 239,–

Kräuter- und Heilpflanzen-Kochbuch
für eine gesunde Lebensweise. (4066) Von P. Pervenche, 143 S., 15 Farbtafeln, kart. **DM 14,80**/S 119,–

Pralinen und Konfekt
Kleine Köstlichkeiten selbstgemacht. (0731) Von H. Engelke, 32 S., 57 Farbfotos, Pappband. **DM 7,80**/S 69,–

FALKEN-FEINSCHMECKER
Zart schmelzende Versuchungen
Schokolade
(0819) Von J. Schroer, 48 S., 53 Farbfotos, Pappband. **DM 9,80**/S 79.–

Köstlichkeiten für Gäste und Feste
Kalte Platten
(4200) Von I. Pfliegner, 160 S., 130 Farbfotos, Pappband. **DM 24,80**/S 198,–

Kochen für Gäste
Köstliche Menüs mit Liebe zubereitet. (5149) Von R. Wesseler, 64 S., 40 Farbfotos, Pappband. **DM 14,80**/S 119,–

Das richtige Frühstück
Gesunde Vollwertkost vitaminreich und naturbelassen.
(0784) Von C. Kratzel und R. Böll, 32 S., 28 Farbfotos, Pappband. **DM 7,80**/S 69.–

Bocuse à la carte
Französisch kochen mit dem Meister. (4237) Von P. Bocuse, 88 S., 218 Farbfotos, Pappband. **DM 19,80**/S 159,–
Auch als Video-Kassette erhältlich

Kochschule mit Paul Bocuse
(6016/VHS, 6017/Video 2000, 6018/Beta), 60 Min. in Farbe
DM 69,–/S 619,–
(unverb. Preisempfehlung)

Natursammlers Kochbuch
Wildfrüchte und Gemüse, Pilze, Kräuter – finden und zubereiten. (4040) Von C. M. Kerler, 140 S., 12 Farbtafeln, kart. **DM 19,80**/S 159,–

Neue Cocktails und Drinks
mit und ohne Alkohol. (0517) Von S. Späth, 128 S., 4 Farbtafeln, kart., **DM 9,80**/S 79.–

Mixgetränke
mit und ohne Alkohol (5017) Von C. Arius, 64 S., 35 Farbfotos, Pappband. **DM 14.80**/S 119.–

Cocktails und Mixereien
für häusliche Feste und Feiern. (0075) Von J. Walker, 96 S., 4 Farbtafeln, kart. **DM 6,80**/S 59.–

Die besten Punsche, Grogs und Bowlen
(0575) Von F. Dingden, 64 S., 2 Farbtafeln, kart. **DM 6,80**/S 59.–

Weine und Säfte, Liköre und Sekt
selbstgemacht. (0702) Von P. Arauner, 232 S., 76 Abb., kart. **DM 16,80**/S 139,–

Mitbringsel aus meiner Küche
selbst gemacht und liebevoll verpackt. (0668) Von C. Schönherr, 32 S., 30 Farbfotos, Pappband. **DM 7,80**/S 69,–

Weinlexikon
Wissenswertes über die Weine der Welt. (4149) Von U. Keller, 228 S., 6 Farbtafeln, 395 s/w-Fotos, Pappband. **DM 29,80**/S 239.–

Köstliches Lebenselixier **Wein**
(2204) Von H. Steffan, 80 S., 74 Farbfotos u. Zeichnungen, Pappband. **DM 9,80**/S 85.–

Von der Romantik der blauen Stunde
Cocktails und Drinks
(2209) Von S. Späth, 80 S., 25 Farbfotos und Zeichnungen, Pappband. **DM 9,80**/S 85,–

Vom Genuß des braunen Goldes
Kaffee
(2213) Von H. Strutzmann. 80 S., 49 Fotos, Pappband. **DM 9,80**/S 85,–

Heißgeliebter Tee
Sorten, Rezepte und Geschichten. (4114) Von C. Maronde, 153 S., 16 Farbtafeln, 93 Zeichnungen, gebunden. **DM 26,80**/S 218.–

Tee für Genießer.
Sorten · Riten · Rezepte. (0356) Von M. Nicolin, 64 S., 4 Farbtafeln, kart. **DM 5,80**/S 49.–

Tee
Herkunft · Mischungen · Rezepte. (0515) Von S. Ruske, 96 S., 4 Farbtafeln, 16 s/w Abbildungen, Pappband. **DM 9,80**/S 79.–

Vom höchsten Genuß des Teetrinkens
(2201) Von I. Ubenauf, 80 S., 57 Farbfotos u. Zeichnungen, Pappband. **DM 9,80**/S 85.–

Kinder lernen spielend backen
(5110) Von M. Gutta, 64 S., 45 Farbfotos, Pappband. **DM 14,80**/S 119,–

Kinder lernen spielend kochen
Lieblingsgerichte mit viel Spaß selbst zubereitet. (5096) Von M. Gutta, 64 S., 45 Farbfotos, Pappband, **DM 14,80**/S 119,–

Hobby

Aquarellmalerei
als Kunst und Hobby. (4147) Von H. Haack und B. Wersche, 136 S., 62 Farbfotos, 119 Zeichnungen, gebunden **DM 39,–**/S 319,–

Aquarellmalerei
Materialien · Techniken · Motive. (5099) Von T. Hinz, 64 S., 79 Farbfotos, Pappband. **DM 14,80**/S 119,–

Aquarellmalerei leicht gelernt
Materialien · Techniken · Motive. (0787) Von T. Hinz, R. Braun, B. Zeidler, 32 S., 38 Farbfotos, 1 Zeichnung, **DM 7,80**/S 69.–

Origami –
Die Kunst des Papierfaltens. (0280) Von R. Harbin, 160 S., 633 Zeichnungen, kart. **DM 9,80**/S 79,–

Hobby Origami
Papierfalten für groß und klein. (0756) Von Z. Aytüre-Scheele, 88 S., über 800 Farbfotos, kart. **DM 19,80**/S 159,–

Neue zauberhafte Origami-Ideen
Papierfalten für groß und klein. (0805) Von Z. Aytüre-Scheele, 80 S., 720 Farbfotos, kart. **DM 19,80**/S 159.–

Weihnachtsbasteleien
(0667) Von M. Kühnle und S. Beck, 32 S., 56 Farbfotos, 6 Zeichnungen, Pappband. **DM 7,80**/S 69,–

Falken-Handbuch
Zeichnen und Malen
(4167) Von B. Bagnall, 336 S., 1154 Farbabb., Pappband. **DM 68,–**/S 549,–

Naive Malerei
Materialien · Motive · Techniken (5083) Von F. Krettek, 64 S., 76 Farbfotos, Pappband. **DM 14,80**/S 119,–

Bauernmalerei
als Kunst und Hobby. (4057) Von A. Gast und H. Stegmüller, 128 S., 239 Farbfotos, 26 Riß-Zeichnungen, Pappband. **DM 39,–**/S 319,–

Hobby Bauernmalerei
(0436) Von S. Ramos und J. Roszak, 80 S., 116 Farbfotos und 28 Motivvorlagen, kart. **DM 19,80**/S 159,–

Bauernmalerei
Kreatives Hobby nach alter Volkskunst (5039) Von S. Ramos, 64 S., 85 Farbfotos, Pappband. **DM 14,80**/S 119,–

Glasmalerei
als Kunst und Hobby. (4088) Von F. Krettek und S. Beeh-Lustenberger, 132 S., 182 Farbfotos, 38 Motivvorlagen, Pappband. **DM 39,–**/S 319,–

Naive Hinterglasmalerei
Materialien · Techniken · Bildvorlagen (5145) Von F. Krettek, 64 S., 87 Farbfotos, 6 Zeichnungen, Pappband. **DM 16,80**/S 139,–

Glasritzen
Materialien · Formen · Motive. (5109) Von G. Mégroz, 64 S., 110 Farbfotos, 15 Zeichnungen, Pappband. **DM 14,80**/S 119,–

Kalligraphie
Die Kunst des schönen Schreibens (4263) Von C. Hartmann, 120 S., 44 Farbvorlagen, 29 s/w-Vorlagen, 2 s/w-Zeichnungen, 38 Farbfotos, Pappband. **DM 49,–**/S 398.–

Kunstvolle Seidenmalerei
Mit zauberhaften Ideen zum Nachgestalten. (0783) Von I. Demharter, 32 S., 56 Farbfotos, Pappband. **DM 7,80**/S 74,–

Zauberhafte Seidenmalerei
Materialien · Techniken · Gestaltungsvorschläge. (0664) Von E. Dorn, 32 S., 62 Farbfotos, Pappband. **DM 7,80**/S 69,–

Hobby Seidenmalerei
(0611) Von R. Henge, 88 S., 106 Farbfotos, 28 Zeichnungen, kart. **DM 19,80**/S 159,–

Hobby Stoffdruck und Stoffmalerei
(0555) Von A. Ursin, 80 S., 68 Farbfotos, 68 Zeichnungen, kart. **DM 19,80**/S 159,–

Stoffmalerei und Stoffdruck
Materialien · Techniken · Ideen · Modelle (5074) Von H. Gehring, 64 S., 110 Farbfotos, Pappband. **DM 14,80**/S 119,–

Batik
leicht gemacht. Materialien ·Färbetechniken · Gestaltungsideen. (5112) Von A. Gast, 64 S., 105 Farbfotos, Pappband. **DM 14,80**/S 119,–

Textilfärben
Färben so einfach wie Waschen. (0693) Von W. Siegrist, P. Schärli, 32 S., 47 Farbfotos, 3 Zeichnungen, Spiralbindung. **DM 7,80**/S 69,–

Kreatives Bilderweben
Materialien – Vorlagen – Motive (0814) Von A. Schulte-Huxel, 32 S., 58 Farbfotos, 8 Zeichnungen, Pappband. **DM 9,80**/S 79,–

Schöne Geschenke selbermachen
(4128) Von M. Kühnle, 128 S., 278 Farbfotos, 85 farbige Zeichnungen, gebunden. **DM 39,–**/S 319,–

Flechten
mit Bast, Stroh und Peddigrohr. (5098) Von H. Hangleiter, 64 S., 47 Farbfotos, 76 Zeichnungen, Pappband. **DM 14,80**/S 119,–

Makramee
Knüpfarbeiten leicht gemacht. (5075) Von B. Pröttel, 64 S., 95 Farbfotos, Pappband. **DM 12,80**/S 99,–

Häkeln und Makramee
Techniken · Geräte · Arbeitsmuster. (0320) Von M. Stradal, 104 S., 191 Abb. und Schemata, kart. **DM 6,80**/S 59,–

Falken-Handbuch
Häkeln
ABC der Häkeltechniken und Häkelmuster in ausführlichen Schritt-für-Schritt-Bildfolgen.
(4194) Von H. Fuchs, M. Natter, 288 S., 597 Farbfotos, 476 farbige Zeichnungen. **DM 39,–**/S 319,–

Häkeln
Schritt für Schritt für Rechts- und Linkshänder. (5134) Von H. Klaus, 64 S., 120 Farbfotos, 144 Zeichnungen, Pappband. **DM 14,80**/S 119,–

Klöppeln
Schritt für Schritt leicht gelernt. (0788) Von U. Seiffer, 32 S., 42 Farb-, 1 s/w-Foto, 25 Zeichnungen, mit Klöppelbriefen, Pappband. **DM 9,80**/S 79,–

Sticken
Schritt für Schritt für Rechts- und Linkshänder. (5135) Von U. Werner, 64 S., 196 Farbfotos, 96 Zeichnungen, Pappband. **DM 14,80**/S 119,–

Monogrammstickerei
Mit Vorlagen für Initialen, Vignetten und Ornamente. (5148) Von H. Fuchs, 64 S., 50 Farbfotos, 50 Zeichnungen, Pappband. **DM 14,80**/S 119,–

Falken-Handbuch **Stricken**
ABC der Stricktechniken und Strickmuster in ausführlichen Schritt-für-Schritt-Bildfolgen. (4137) Von M. Natter, 312 S., 106 Farb- und 922 s/w-Fotos, 318 Zeichnungen, Pappband.
DM 36,–/S 298,–

Bestrickend schöne Ideen
Pullover, Westen, Ensembles, Jacken
(4178) Von R. Weber, 208 S., 220 Farbfotos, 358 Zeichnungen, Pappband.
DM 29,80/S 239,–

Chic in Strick
Neue Pullover
Westen · Jacken · Kleider · Ensembles. (4224) Hrsg. R. Weber, 192 S., 255 Farbabb., Pappband. **DM 29,80**/S 239,–

Perfekt Stricken
(4250) Von H. Jaacks, 256 S., 703 Farbfotos, 169 Farb- und 121 s/w-Zeichnungen, Pappband.
DM 29,80/ S 239,–

Videokassette Stricken
(6007/VHS, 6008/Video 2000, 6009/Beta). Von P. Krolikowski-Habicht, H. Jaacks, 51 Min., in Farbe.
DM 49,80/S 448,–
(unverbindl. Preisempf.)

Stricken
Schritt für Schritt für Rechts- und Linkshänder. (5142) Von S. Oelwein-Schefczik, 64 S., 148 Farbfotos, 173 Zeichnungen, Pappband. **DM 14,80**/S 119,–

Die schönsten Handarbeiten zum Verschenken
(4225) Von B. Wenzelburger, 128 S., 156 Farbfotos, 70 2-farbige Zeichnungen, Pappband. **DM 39,–**/S 319,–

Kuscheltiere stricken und häkeln
Arbeitsanleitungen und Modelle. (0734) Von B. Wehrle, 32 S., 60 Farbfotos, 28 Zeichnungen, Spiralbindung.
DM 7,80/S 69,–

Hobby Patchwork und Quilten
(0768) Von B. Staub-Wachsmuth, 80 S., 108 Farbabb., 43 Zeichnungen, kart.
DM 19,80/S 159,–

Textiles Gestalten
Weben, Knüpfen, Batiken, Sticken, Objekte und Strukturen. (5123) Von J. Fricke, 136 S., 67 Farb- und 189 s/w-Fotos, 15 Zeichnungen, kart.
DM 16,80/S 139,–

Gestalten mit Glasperlen
fädeln · sticken · weben (0640) Von A. Köhler, 32 S., 55 Farbfotos, Spiralbindung. **DM 6,80**/S 59,–

Neue zauberhafte Salzteig-Ideen
(0719) Von I. Kiskalt, 80 S., 320 Farbfotos, 12 Zeichnungen, kart.
DM 19,80/S 159,–

Hobby Salzteig
(0662) Von I. Kiskalt, 80 S., 150 Farbfotos, 5 Zeichnungen, Schablonen, kart.
DM 19,80/S 159,–

Gestalten mit Salzteig
formen · bemalen · lackieren. (0613) Von W.-U. Cropp, 32 S., 56 Farbfotos, 17 Zeichnungen, Pappband.
DM 7,80/S 69,–

Originell und dekorativ
Salzteig mit Naturmaterialien
(0833) Von A. und H. Wegener, 80 S., 166 Farbfotos, kart. **DM 19,80**/S 159,–

Buntbemalte Kunstwerke aus Salzteig
Figuren, Landschaften und Wandbilder. (5141) Von G. Belli, 64 S., 165 Farbfotos, 1 Zeichnung, Pappband.
DM 14,80/S 119,–

Kreatives Gestalten mit Salzteig
Originelle Motive für Fortgeschrittene. (0769) Hrsg. I. Kiskalt, 80 S., 168 Farbfotos, kart. **DM 19,80**/S 159,–

Videokassette Salzteig
(6010/VHS, 6011/Video 2000, (6012/Beta) Von I. Kiskalt, Dr. A. Teuchert, in Farbe, ca. 35 Min. **DM 69,–**/ S 619,– (Unverb. Preisempfehlung)

Tiffany-Spiegel selbermachen
Materialien · Arbeitsanleitung · Vorlagen. (0761) Von R. Thomas, 32 S., 53 Farbfotos, Pappband. **DM 7,80**/S 69,–

Tiffany-Lampen selbermachen
Arbeitsanleitung · Materialien · Modelle. (0684) Von I. Spliethoff, 32 S., 60 Farbfotos, Pappband. **DM 7,80**/S 69,–

Hobby Glaskunst in Tiffany-Technik
(0781) Von N. Köppel, 80 S., 194 Farbfotos, 6 s/w-Abb., kart.,
DM 19,80/S 159,–

Kerzen und Wachsbilder
gießen · modellieren · bemalen. (5108) Von Ch. Riess, 64 S., 110 Farbfotos, Pappband. **DM 14,80**/S 119,–

Hobby Holzschnitzen
Von der Astholzfigur zur Vollplastik. (5101) Von H.-D. Wilden, 112 S., 16 Farbtafeln, 135 s/w-Fotos, kart.
DM 16,80/S 139,–

Bastelspaß mit der Laubsäge
Mit Schnittmusterbogen für viele Modelle in Originalgröße. (0741) Von L. Giesche, M. Bausch, 32 S., 61 Farbfotos, 7 Zeichnungen, Schnittmusterbogen, Pappband.
DM 9,80/S 79,–

Falken-Heimwerker-Praxis
Tapezieren
(0743) Von W. Nitschke, 112 S., 186 Farbfotos, 9 Zeichnungen, kart.
DM 19,80/S 159,–

Falken-Heimwerker-Praxis
Anstreichen und Lackieren
(0771) Von P. Müller, 120 S., 186 Farbfotos, 2 s/w Fotos, 3 Zeichnungen, kart.
DM 19,80/S 159,–

Falken-Heimwerker-Praxis
Fahrrad-Reparaturen
(0796) Von R. van der Plas, 112 S., 140 Farbfotos, 113 farbige Zeichnungen, kart. **DM 19,80**/S 159,–

Falken-Handbuch
Heimwerken
Reparieren und Selbermachen in Haus und Wohnung – über 1100 Farbfotos. Praktische Tips vom Profi: Selbermachen – Reparieren, Renovieren, Kostensparen. (4117) Von Th. Pochert, 440 S., 1103 Farbfotos. 100 ein- und zweifarbige Abb., Pappband. **DM 49,–**/S 398,–

Restaurieren von Möbeln
Stilkunde, Materialien, Techniken, Arbeitsanleitungen in Bildfolgen. (4120) Von E. Schnaus-Lorey, 152 S., 37 Farbfotos, 75 s/w Fotos, 352 Zeichnungen, Pappband. **DM 39,–**/ S 319,–

Möbel aufarbeiten, reparieren und pflegen
(0386) Von E. Schnaus-Lorey, 96 S., 28 Fotos, 101 Zeichnungen, kart.,
DM 9,80/S 79,–

Vogelhäuschen, Nistkästen, Vogeltränken mit Plänen und Anleitungen zum Selbstbau. (0695) Von J. Zech, 32 S., 42 Farbfotos, 5 Zeichnungen, Pappband. **DM 7,80**/S 69,–

Papiermachen
ein neues Hobby. (5105) Von R. Weidenmüller, 64 S., 84 Farbfotos, 9 s/w-Fotos, 14 Zeichnungen, Pappband.
DM 16,80/S 139,–

Schmuck und Objekte aus Metall und Email
(5078) Von J. Fricke, 120 S., 183 Abb., kart. **DM 16,80**/S 139,–

Strohschmuck selbstgebastelt
Sterne, Figuren und andere Dekorationen (0740) Von E. Rombach, 32 S., 60 Farbfotos, 17 Zeichnungen, Pappband.
DM 7,80/S 69,–

Das Herbarium
Pflanzen sammeln, bestimmen und pressen. (5113) Von I. Gabriel, 96 S., 140 Farbfotos, Pappband.
DM 16,80/S 139,–

Gestalten mit Naturmaterialien
Zweige, Kerne, Federn, Muscheln und anderes. (5128) Von I. Krohn, 64 S., 101 Farbfotos, 11 farbige Zeichnungen, Pappband. **DM 14,80**/S 119,–

Dauergestecke
mit Zweigen, Trocken- und Schnittblumen. (5121) Von G. Vocke, 64 S., 57 Farbfotos, Pappband. **DM 14,80**/S 119,–

Ikebana
Einführung in die japanische Kunst des Blumensteckens. (0548) Von G. Vocke, 152 S., 47 Farbfotos, kart.
DM 19,80/S 159,–

Blumengestecke im Ikebanastil
(5041) Von G. Vocke, 64 S., 37 Farbfotos, viele Zeichnungen, Pappband.
DM 14,80/S 119,–

Hobby Trockenblumen
Gewürzsträuße, Gestecke, Kränze, Buketts. (0643) Von R. Strobel-Schulze, 88 S., 170 Farbfotos, kart.
DM 19,80/S 159,–

Hobby Gewürzsträuße
und zauberhafte Gebinde nach Salzburger Art. (0726) Von A. Ott, 80 S., 101 Farbfotos, 51 farbige Zeichnungen, kart. **DM 19,80**/S 159,–

Trockenblumen und Gewürzsträuße
(5084) Von G. Vocke, 64 S., 63 Farbfotos, Pappband. **DM 12,80**/S 99,–

Arbeiten mit Ton
Töpfern mit und ohne Scheibe. (5048) Von J. Fricke, 128 S., 15 Farbtafeln, 166 s/w-Fotos, kart.
DM 14,80/S 119,–

FALKEN VERLAG

Die Preise entsprechen dem Status beim Druck dieses

Töpfern
als Kunst und Hobby. (4073) Von J. Fricke, 132 S., 37 Farbfotos, 222 s/w-Fotos, gebunden. **DM 39,–**/S 319,–

Schöne Sachen modellieren
Originelles aus Cernit – ideenreich gestaltet. (0762) Von G. Thelen, 32 S., 105 Farbfotos, Pappband. **DM 7,80**/S 69,–

Modellieren
mit selbsthärtendem Material. (5085) Von K. Reinhardt, 64 S., 93 Farbfotos, Pappband. **DM 14,80**/S 119,–

Porzellanpuppen
Zauberhafte alte Puppen selbst nachbilden. (5138) Von C. A. und D. Stanton, 64 S., 58 Farbfotos, 22 Zeichnungen, Pappband. **DM 16,80**/S 139,–

Marionetten
entwerfen · gestalten · führen (5118) Von A. Krause und A. Bayer, 64 S., 83 Farbfotos, 2 s/w-Fotos, 40 Zeichnungen, Pappband. **DM 14,80**/S 119,–

Stoffpuppen
Liebenswerte Modelle selbermachen. (5150) Von I. Wolff, 56 S., 115 Farbfotos, 15 Zeichnungen, mit Schnittmusterbogen, Pappband. **DM 16,80**/S 139,–

Hobby Puppen
Bezaubernde Modelle selbst gestalten. (0742) Von B. Wenzelburger, 88 S., 163 Farbfotos, 41 Zeichnungen, 11 Schnittmuster, kart. **DM 19,80**/S 159,–

Puppen und Figuren aus Kunstporzellan
gießen, bemalen und gestalten. (0735) Von G. Baumgarten, 32 S., 86 Farbfotos, Pappband. **DM 9,80**/ S 79,–

Die liebenswerte Welt der **Puppen**
(2212) Von U. D. Damrau, 80 S., 60 Farbfotos, Pappband. **DM 9,80**/S 85,–

Selbstgestrickte Puppen
Materialien und Arbeitsanleitungen. (0638) Von B. Wehrle, 32 S., 23 Farbfotos, 24 Zeichnungen, Pappband. **DM 9,80**/S 79,–

Dekorative Rupfenpuppen
Arbeitsanleitungen und Gestaltungsvorschläge. (0733) Von B. Wenzelburger, 32 S., 57 Farbfotos, 14 Zeichnungen, Spiralbindung. **DM 7,80**/S 69,–

Phantasiepuppen stricken und häkeln
Märchenhafte Modelle mit Arbeitsanleitungen. (0813) Von B. Wehrle, 32 S., 26 Farbfotos, 30 einfarbige und 16 dreifarbige Zeichnungen, Pappband. **DM 9,80**/ S 79.–

Schritt für Schritt zum Scherenschnitt
Materialien · Techniken · Gestaltungsvorschläge. (0732) Von H. Klingmüller, 32 S., 38 Farbfotos, 34 Vorlagen, Spiralbindung. **DM 7,80**/S 69,–

Garagentore selbst bemalt
Techniken und Motive. (0786) Von H. u. Y. Nadolny, 32 S., 24 Farbfotos, 12 s/w-Zeichnungen, Pappband. **DM 9,80**/S 79,–

Alle Jahre wieder…
Advent und Weihnachten
Basteln – Backen – Schmücken – Singen – Vorlesen – Feiern
(4260) Von H. und Y. Nadolny, 256 S., 105 Farbfotos, 130 Zeichnungen, Pappband. **DM 25,–**/S 200.–

Freizeit

Aktfotografie
Interpretationen zu einem unerschöpflichen Thema.
Gestaltung · Technik · Spezialeffekte. (0737) Von H. Wedewardt, 88 S., 144 Farb- und 6 s/w-Fotos, 6 Zeichnungen, kart. **DM 19,80**/S 159,–

Videokassette Aktfotografie
Laufzeit ca. 60 Min. In Farbe. (6001/VHS, 6002/Video 2000, 6003/Beta) **DM 69,–**/S 619,– (unverb. Preisempfehlung)

So macht man bessere Fotos
Das meistverkaufte Fotobuch der Welt. (0614) Von M. L. Taylor, 192 S., 457 Farbfotos, 15 Abb., kart. **DM 14,80**/S 119,–

Falken-Handbuch
Dunkelkammerpraxis
Laboreinrichtung · Arbeitsabläufe · Fehlerkatalog. (4140) Von E. Pauli, 200 S., 54 Farbfotos, 239 s/w-Fotos, 171 Zeichnungen, Pappband. **DM 39,–**/S 319,–

Falken-Handbuch **Trickfilmen**
Flach-, Sach- und Zeichentrickfilme – von der Idee zur Ausführung. (4131) Von H.-D. Wilden, 144 S., über 430 überwiegend farbige Abb., Pappband. **DM 39,–**/S 319,–

Moderne Schmalfilmpraxis
Ausrüstungen · Drehbuch · Aufnahme Schnitt · Vertonung. (4043) Von U. Ney, 328 S., 29 Farbfotos, 177 s/w-Fotos, 57 Zeichnungen, gebunden. **DM 29,80**/S 239,–

Schmalfilmen
Ausrüstung · Aufnahmepraxis · Schnitt Ton. (0342) Von U. Ney, 108 S., 4 Farbtafeln, 25 s/w-Fotos, kart. **DM 9,80**/S 79,–

Schmalfilme selbst vertonen
(0593) Von U. Ney, 96 S., 57 s/w-Fotos, 14 Zeichnungen, kart. **DM 9,80**/S 79,–

Fotografie – Das Schöne als Ziel
Zur Ästhetik und Psychologie der visuellen Wahrnehmung. (4122) Von E. Stark, 208 S., 252 Farbfotos, 63 Zeichnungen, Ganzleinen. **DM 78,–**/S 624,–

Ferngelenkte Motorflugmodelle
bauen und fliegen. (0400) Von W. Thies, 184 S., mit Zeichnungen und Detailplänen, kart. **DM 16,80**/S 139,–

Modellflug-Lexikon
(0549) Von W. Thies, 280 S., 98 s/w-Fotos, 234 Zeichnungen, Pappband. **DM 36,–**/S 298,–

Flugmodelle
bauen und einfliegen. (0361) Von W. Thies und Willi Rolf, 160 S., 63 Abb., 7 Faltpläne, kart. **DM 12,80**/S 99,–

CB-Code
Wörterbuch und Technik. (0435) Von R. Kerler, 120 S.,5 s/w Fotos, 9 Zeichnungen, kart. **DM 9,80**/S 79,–

Kleine Welt auf Rädern
Das faszinierende Spiel mit **Modelleisenbahnen** (4175) Von F. Eisen, 256 S., 72 Farb- und 180 s/w-Fotos, 25 Zeichnungen, Pappband. **DM 29,80**/S 239,–

Modelleisenbahnen im Freien
Mit Volldampf durch den Garten. (4245) Von F. Eisen, 96 S., 115 Farb-, 4 s/w-Fotos, 5 Zeichnungen, Pappband. **DM 29,80**/S 239,–

Raketen auf Rädern
Autos und Motorräder an der Schallgrenze. (4220) Von H. G. Isenberg, 96 S., 112 Farbfotos, 21 s/w-Fotos, Pappband. **DM 24,80**/S 198,–

Die rasantesten Rallyes der Welt
(4213) Von H. G. Isenberg und D. Maxeiner, 96 S., 116 Farbfotos, Pappband. **DM 24,80**/S 198,–

Trucks
Giganten der Landstraßen in aller Welt. (4222) Von H. G. Isenberg, 96 S., 131 Farbfotos, Pappband. **DM 24,80**/S 198,–

Die Super-Trucks der Welt
(4257) Von H. G. Isenberg, 194 S., 205 Farbfotos, 87 s/w-Fotos, 7 Farbzeichnungen, 4 Ausklapptafeln, Pappband. **DM 39,–**/S 319,–

Ferngelenkte Elektromodelle
bauen und fliegen. (0700) Von W. Thies, 144 S., 52 s/w-Fotos, 50 Zeichnungen, kart. **DM 16,80**/139,–

Schiffsmodelle
selber bauen. (0500) Von D. und R. Lochner, 200 S., 93 Zeichnungen, 2 Faltpläne, kart. **DM 14,80**/S 119,–

Dampflokomotiven
(4204) Von W. Jopp, 96 S., 134 Farbfotos, Pappband. **DM 24,80**/S 198,–

Zivilflugzeuge
Vom Kleinflugzeug zum Überschall-Jet. (4218) Von R. J. Höhn und H. G. Isenberg, 96 S., 115 Farbfotos, Pappband. **DM 24,80**/S 198,–

Ferngelenkte Segelflugmodelle
bauen und fliegen. (0446) Von W. Thies, 176 S., 22 s/w-Fotos, 115 Zeichnungen, kart. **DM 14,80**/S 119,–

Die schnellsten Motorräder der Welt
(4206) Von H. G. Isenberg und D. Maxeiner, 96 S., 100 Farbfotos, Pappband. **DM 24,80**/S 198,–

Motorrad-Hits
Chopper, Tribikes, Heiße Öfen. (4221) Von H. G. Isenberg, 96 S., 119 Farbfotos, Pappband. **DM 24,80**/S 198,–

Die Super-Motorräder der Welt
(4193) Von H. G. Isenberg, 192 S., 170 Farb- und 100 s/w-Fotos, 8 Zeichnungen, Pappband. **DM 39,–**/S 319,–

Motorrad-Faszination
Heiße Öfen, von denen jeder träumt. (4223) Von H. G. Isenberg, 96 S., 103 Farb- und 20 s/w-Fotos, Pappband. **DM 24,80**/S 198,–

Autos, die die Welt bewegten
Oldtimer
(2217) Von H. G. Isenberg, 80 S., 32 Farb- und 22 s/w-Fotos, Pappband. **DM 9,80**/S 85,–

Münzen
Ein Brevier für Sammler. (0353) Von E. Dehnke, 128 S., 4 Farbtafeln, 17 s/w-Abb., kart. **DM 9,80**/S 79.–

Astronomie als Hobby
Sternbilder und Planeten erkennen und benennen. (0572) Von D. Block, 176 S., 16 Farbtafeln, 49 s/w-Fotos, 93 Zeichnungen, kart. **DM 14.80**/S 119.–

Der Bart
Die individuelle Note des Mannes. (2222) Von H. Strutzmann, 80 S., 58 Farbfotos, Pappband. **DM 9,80**/S 85,–

Gitarre spielen
Ein Grundkurs für den Selbstunterricht. (0534) Von A. Roßmann, 96 S., 1 Schallfolie, 150 Zeichnungen, kart. **DM 24,80**/S 198.–

Falken-Handbuch **Zaubern**
Über 400 verblüffende Tricks. (4063) Von F. Stutz, 368 S., 1200 Zeichnungen, Pappband. **DM 36,–**/S 298.–

Zaubern
einfach – aber verblüffend. (2018) Von D. Buoch, 84 S., 41 Zeichnungen, kart. **DM 6,80**/S 59.–

Zaubertricks
Das große Buch der Magie. (0282) Von J. Zmeck, 244 S., 113 Abb., kart. **DM 14,80**/S 119.–

Magische Zaubereien
(0672) Von W. Widenmann, 64 S., 31 Zeichnungen, kart. **DM 7,80**/S 69.–

Pfeife rauchen
Die hohe Kunst, Tabak zu genießen. (2203) Von W. Hufnagel, 80 S., 77 Farbfotos, 4 s/w-Fotos, 11 Zeichnungen, Pappband. **DM 9,80**/S 85.–

Mit vollem Genuß
Pfeife rauchen
Alles über Tabaksorten, Pfeifen und Zubehör. (4227) Von H. Behrens, H. Frickert, 168 S., 127 Farbfotos, 18 Zeichnungen, Pappband. **DM 39,–**/S 319,–

Mineralien, Steine und Fossilien
Grundkenntnisse für Hobby-Sammler. (0437) Von D. Stobbe, 96 S., 16 Farbtafeln, 14 s/w-Fotos, 10 Zeichnungen, kart. **DM 9,80**/S 79.–

Vom verführerischen Feuer der
Edelsteine
(2221) Von H. A. Mehler, R. Klotz, 80 S., 46 Farbfotos, Pappband. **DM 9,80**/S 85,–

Freizeit mit dem Mikroskop
(0291) Von M. Deckart, 132 S., 8 Farbtafeln, 64 s/w Abb., 2 Zeichnungen, kart. **DM 9,80**/S 79.–

Briefmarken
sammeln für Anfänger. (0481) Von D. Stein, 120 S., 4 Farbtafeln, 98 s/w-Abb., kart. **DM 9,80**/S 79.–

Wir lernen tanzen
Standard- und lateinamerikanische Tänze. (0200) Von E. Fern, 168 S., 118 s/w-Fotos, 47 Zeichnungen, kart. **DM 9,80**/S 79,–

Tanzstunde
Das Welttanzprogramm · Party-Tanzstunde. (5018) Von G. Hädrich, 172 S., 443 s/w-Fotos, 140 Zeichnungen, Pappband. **DM 19.80**/S 159,–

So tanzt man Rock'n'Roll
Grundschritte · Figuren · Akrobatik. (0573) Von W. Steuer und G. Marz, 224 S., 303 Abb., kart. **DM 16,80**/ S 139,–

Disco-Tänze
(0491) Von B. und F. Weber, 104 S., 104 Abb., kart. **DM 6,80**/S 59,–

Tanzen überall
Discofox, Rock'n'Roll, Blues, Langsamer Walzer, Cha-Cha-Cha zum Selberlernen. (0760) Von H. M. Pritzer, 112 S., 128 Farbfotos, kart. **DM 19,80**/S 159,–

Videokassette **Tanzen überall**
Discofox, Rock'n'Roll, Blues. (6004/VHS, 6005/Video 2000, 6006/Beta) Von H. M. Pritzer, G. Steinheimer, in Farbe, ca. 45 Min. **DM 69,–**/S 619,– (unverb. Preisempfehlung)

Unser schönes Deutschland neu gesehen
(4199) Hrsg. U. Moll, 208 S., 800 Farbfotos, Pappband. **DM 29,80**/S 239,–

Schwarzwald-Romantik
Vom Zauber einer deutschen Landschaft. (4232) Hrsg. A. Rolf, 184 S., 273 Farbfotos, Pappband. **DM 29,80**/S 239,–

Sport

Judo
Grundlagen des Stand- und Bodenkampfes. (4013) Von W. Hofmann, 244 S., 589 Fotos, Pappband. **DM 29,80**/S 239.–

Neue Lehrmethoden der Judo-Praxis
(0424) Von P. Herrmann, 223 S., 475 Abb., kart. **DM 16,80**/S 139.–

Judo
Grundlagen – Methodik. (0305) Von M. Ohgo, 208 S., 1025 Fotos, kart. **DM 14,80**/S 119.–

Fußwürfe
für Judo, Karate und Selbstverteidigung. (0439) Von H. Nishioka, 96 S., 260 Abb., kart. **DM 9,80**/S 79.–

Karate für alle
Karate-Selbstverteidigung in Bildern. (0314) Von A. Pflüger, 112 S., 356 s/w-Fotos, kart. **DM 9,80**/S 79.–

Karate für Frauen und Mädchen
Sport und Selbstverteidigung. (0425) Von A. Pflüger, 168 S., 259 s/w-Fotos, kart. **DM 12,80**/S 99.–

Nakayamas Karate perfekt 1
Einführung. (0487) Von M. Nakayama, 136 S., 605 s/w-Fotos, kart. **DM 19,80**/S 159.–

Nakayamas Karate perfekt 2
Grundtechniken. (0512) Von M. Nakayama, 136 S., 354 s/w-Fotos, 53 Zeichnungen, kart. **DM 19,80**/S 159.–

Nakayamas Karate perfekt 3
Kumite 1: Kampfübungen. (0538) Von M. Nakayama, 128 S., 424 s/w-Fotos, kart. **DM 19,80**/S 159.–

Nakayamas Karate perfekt 4
Kumite 2: Kampfübungen. (0547) Von M. Nakayama, 128 S., 394 s/w-Fotos, kart. **DM 19,80**/S 159.–

Nakayamas Karate perfekt 5
Kata 1: Heian, Tekki. (0571) Von M. Nakayama, 144 S., 1229 s/w-Fotos, kart. **DM 19,80**/S 159.–

Nakayamas Karate perfekt 6
Kata 2: Bassai-Dai, Kanku-Dai, (0600) Von M. Nakayama, 144 S., 1300 s/w-Fotos, 107 Zeichnungen, kart. **DM 19,80**/S 159.–

Nakayamas Karate perfekt 7
Kata 3: Jitte, Hangetsu, Empi. (0618) Von M. Nakayama, 144 S., 1988 s/w-Fotos, 105 Zeichnungen, kart. **DM 19,80**/S 159.–

Nakayamas Karate perfekt 8
Gankaku, Jion. (0650) Von M. Nakayama, 144 S., 1174 s/w-Fotos, 99 Zeichungen, kart. **DM 19,80**/S 159.–

Kontakt-Karate
Ausrüstung · Technik · Training. (0396) Von A. Pflüger, 112 S., 238 s/w-Fotos, kart. **DM 14,80**/S 119.–

Karate-Do
Das Handbuch des modernen Karate. (4028) Von A. Pflüger, 360 S., 1159 Abb., Pappband. **DM 39,–**/S 319.–

Bo-Karate
Kukishin-Ryu – die Techniken des Stockkampfes. ((0447) Von G. Stiebler, 176 S., 424 s/w-Fotos, 38 Zeichnungen, kart. **DM 16,80**/S 139.–

Karate I
Einführung · Grundtechniken. (0227) Von A. Pflüger, 148 S., 195 s/w-Fotos, 120 Zeichnungen, kart. **DM 9,80**/S 79.–

Karate II
Kombinationstechniken · Katas. (0239) Von A. Pflüger, 176 S., 452 s/w-Fotos und Zeichnungen, kart. **DM 9,80**/S 79.–

Karate Kata 1
Heian 1-5, Tekki 1, Bassai Dai. (0683) Von W.-D. Wichmann, 164 S., 703 s/w-Fotos, kart. **DM 19,80**/S 159,–

Karate Kata 2
Jion, Empi, Kanku-Dai, Hangetsu. (0723) Von W.-D. Wichmann, 140 S., 661 s/w Fotos, 4 Zeichnungen, kart. **DM 19,80**/S 159,–

Ninja 1
Die Lehre der Schattenkämpfer. (0758) Von S. K. Hayes, 144 S., 137 s/w-Fotos, kart. **DM 16,80**/S 139,–

Ninja 2
Die Wege zum Shoshin (0763) Von S. K. Hayes, 160 S., 309 s/w-Fotos, kart. **DM 16,80**/S 139,–

Ninja 3
Der Pfad des Togakure-Kämpfers. (0764) Von S. K. Hayes, 144 S., 197 s/w-Fotos, 2 Zeichnungen, kart. **DM 16,80**/S 139,–

Ninja 4
Das Vermächtnis der Schattenkämpfer. (0807) Von S. K. Hayes, 196 S., 466 s/w-Fotos, kart. **DM 16,80**/S 139,–

Der König des Kung-Fu
Bruce Lee
Sein Leben und Kampf. (0392) Von seiner Frau Linda. 136 S., 104 s/w-Fotos, kart. **DM 19,80**/S 159.–

Bruce Lees Kampfstil 1
Grundtechniken. (0473) Von B. Lee und M. Uyehara, 109 S., 220 Abb., kart. **DM 9,80**/S 79.–

Bruce Lees Kampfstil 2
Selbstverteidigungs-Techniken. (0486) Von B. Lee und M. Uyehara, 128 S., 310 Abb., kart. **DM 9,80**/S 79.–

Bruce Lees Kampfstil 3
Trainingslehre. (0503) Von B. Lee und M. Uyehara, 112 S., 246 Abb., kart. **DM 9,80**/S 79.–

Bruce Lees Kampfstil 4
Kampftechniken. (0523) Von B. Lee und M. Uyehara, 104 S., 211 Abb., kart. **DM 9,80**/S 79.–

Bruce Lees Jeet Kune Do
(0440) Von B. Lee, 192 S., mit 105 eigenhändigen Zeichnungen von B. Lee, kart. **DM 19,80**/S 159.–

Ju-Jutsu 1
Grundtechniken – Moderne Selbstverteidigung. (0276) Von W. Heim und F. J. Gresch, 160 S., 460 s/w-Fotos, 8 Zeichnungen, kart. **DM 9,80**/S 79.–

Ju-Jutsu 2
für Fortgeschrittene und Meister. (0378) Von W. Heim und F. J. Gresch, 164 S., 798 s/w-Fotos, kart. **DM 19,80**/S 159.–

Die Preise entsprechen dem Status beim Druck dieses

Ju-Jutsu 3
Spezial-, Gegen- und Weiterführungs-Techniken. (0485) Von W. Heim und F. J. Gresch, 214 S., über 600 s/w-Fotos, kart. **DM 19,80**/S 159.–

Ju-Jutsu als Wettkampf
(0826) Von G. Kulot, 168 S., 418 s/w-Fotos, 2 Zeichnungen, kart. **DM 19,80**/S 159.–

Nunchaku
Waffe · Sport · Selbstverteidigung. (0373) Von A. Pflüger, 144 S., 247 Abb., kart. **DM 16,80**/S 139.–

Shuriken · Tonfa · Sai
Stockfechten und andere bewaffnete Kampfsportarten aus Fernost. (0397) Von A. Schulz, 96 S., 253 s/w-Fotos, kart. **DM 12,80**/S 99.–

Illustriertes Handbuch des Taekwon-Do
Koreanische Kampfkunst und Selbstverteidigung. (4053) Von K. Gil, 248 S., 1026 Abb., Pappband. **DM 29,80**/S 239.–

Taekwon-Do
Koreanischer Kampfsport. (0347) Von K. Gil, 152 S., 408 Abb., kart. **DM 12,80**/S 99.–

Aikido
Lehren und Techniken des harmonischen Weges. (0537) Von R. Brand, 280 S., 697 Abb., kart. **DM 19,80**/S 159.–

Kung-Fu und Tai-Chi
Grundlagen und Bewegungsabläufe. (0367) Von B. Tegner, 182 S., 370 s/w-Fotos, kart. **DM 14,80**/S 119.–

Kung-Fu
Theorie und Praxis klassischer und moderner Stile. (0376) Von M. Pabst, 160 S., 330 Abb., kart. **DM 12,80**/S 99.–

Shaolin-Kempo – Kung-Fu
Chinesisches Karate im Drachenstil. (0395) Von R. Czerni und K. Konrad. 246 S., 723 Abbildungen, kart. **DM 19,80**/S 159.–

Hap Ki Do
Grundlagen und Techniken koreanischer Selbstverteidigung. (0379) Von Kim Sou Bong, 112 S., 153 Abb., kart. **DM 14,80**/S 119.–

Dynamische Tritte
Grundlagen für den Zweikampf. (0438) Von C. Lee, 96 S., 398 s/w-Fotos, 10 Zeichnungen, kart. **DM 9,80**/S 79.–

Kickboxen
Fitneßtraining und Wettkampfsport. (0795) Von G. Lemmens, 96 S., 208 s/w-Fotos, 23 Zeichnungen, kart. **DM 16,80**/S 139.–

Muskeltraining mit Hanteln
Leistungssteigerung für Sport und Fitness. (0676) Von H. Schulz, 108 S., 92 s/w-Fotos, 2 Zeichnungen, kart. **DM 9,80**/ S 79.–

Leistungsfähiger durch Krafttraining
Eine Anleitung für Fitness-Sportler, Trainer und Athleten (0617) Von W. Kieser, 100 S., 20 s/w-Fotos, 62 Zeichnungen, kart. **DM 9,80**/S 79.–

Bodybuilding
Anleitung zum Muskel- und Konditionstraining für sie und ihn. (0604) Von R. Smolana. 160 S., 171 s/w-Fotos, kart. **DM 9,80**/S 79.–

Hanteltraining zu Hause
(0800) Von W. Kieser, 80 S., 71 s/w-Fotos, 4 Zeichnungen, kart. **DM 9,80**/S 79,–

Fit und gesund
Körpertraining und Bodybuilding zu Hause. (0782) Von H. Schulz, 80 S., 100 Farbfotos, 3 Zeichnungen, kart. **DM 14,80**/S 119,–
Video-Kassette:
Fit und gesund
VHS (6013), Video 2000 (6014), Beta (6015), Laufzeit 30 Minuten, in Farbe. **DM 49,80**/ S 448,–
(unverb. Preisempf.)
Package (Buch und Kassette)
Fit und gesund
(6019/VHS, 6020/Video 2000, 6021/Beta). Von H. Schulz, **DM 69,–**/S 619,–
(unverbindl. Preisempf.)

Bodybuilding für Frauen
Wege zu Ihrer Idealfigur (0661) Von H. Schulz, 108 S., 84 s/w-Fotos, 4 Zeichnungen, großes farbiges Übungsposter, kart. **DM 14,80**/S 119.–

Isometrisches Training
Übungen für Muskelkraft und Entspannung. (0529) Von L. M. Kirsch, 140 S., 162 s/w-Fotos, kart. **DM 9,80**/S 79.–

Spaß am Laufen
Jogging für die Gesundheit. (0470) Von W. Sonntag, 140 S., 41 s/w-Fotos, 1 Zeichnung, kart. **DM 9,80**/S 79.–

Mein bester Freund, der Fußball
(5107) Von D. Brüggemann und D. Albrecht, 144 S., 171 Abb., kart. **DM 16,80**/S 139.–

Fußball
Training und Wettkampf. (0448) Von H. Obermann und P. Walz, 166 S., 92 s/w-Fotos, 15 Zeichnungen, 29 Diagramme, kart. **DM 12,80**/S 99.–

Handball
Technik · Taktik · Regeln. (0426) Von F. und P. Hattig, 128 S., 91 s/w-Fotos, 121 Zeichnungen, kart. **DM 14,80**/S 119.–

Volleyball
Technik · Taktik · Regeln. (0351) Von H. Huhle, 104 S., 330 Abb., kart. **DM 9,80**/S 79.–

Basketball
Technik und Übungen für Schule und Verein. (0279) Von C. Kyriasoglou, 116 S., mit 252 Übungen zur Basketballtechnik, 186 s/w-Fotos und 164 Zeichnungen, kart. **DM 12,80**/S 99.–

Hockey
Technische und taktische Grundlagen. (0398) Von H. Wein, 152 S., 60 s/w-Fotos, 30 Zeichnungen, kart. **DM 16,80**/S 139.–

Eishockey
Lauf- und Stocktechnik, Körperspiel, Taktik, Ausrüstung und Regeln, (0414) Von J. Čapla, 264 S., 548 s/w-Fotos, 163 Zeichnungen, kart. **DM 19,80**/S 159.–

Badminton
Technik · Taktik · Training. (0699) Von K. Fuchs, L. Sologub, 168 S., 51 Abb., kart., **DM 16,80**/S 139.–

Golf
Ausrüstung · Technik · Regeln. (0343) Von J. C. Jessop, übersetzt von H. Biemer, mit einem Vorwort von H. Krings, Präsident des Deutschen Golf-Verbandes, 160 S., 65 Abb., Anhang Golfregeln des DGV, kart. **DM 16,80**/S 139.–

Pool-Billard
(0484) Herausgegeben vom Deutschen Pool-Billard-Bund, von M. Bach und K.-W. Kühn, 88 S., mit über 80 Abb., kart. **DM 7,80**/S 69.–

Sportschießen
für jedermann. (0502) Von A. Kovacic, 124 S., 116 s/w-Fotos, kart. **DM 14,80**/S 119.–

Fechten
Florett · Degen · Säbel. (0449) Von E. Beck, 88 S., 219 Fotos und Zeichnungen, kart. **DM 11,80**/S 94.–

Reiten
Dressur · Springen · Gelände. (0415) Von U. Richter, 168 S., 235 Abb., kart. **DM 12,80**/S 99.–

Fibel für Kegelfreunde
Sport- und Freizeitkegeln · Bowling. (0191) Von G. Bocsai, 72 S., 62 Abb., kart. **DM 5,80**/S 49.–

Beliebte und neue Kegelspiele
(0271) Von G. Bocsai, 92 S., 62 Abb., kart. **DM 5,80**/S 49.–

111 spannende Kegelspiele
(2031) Von H. Regulski, 88 S., 53 Zeichnungen, kart., **DM 7,80**/S 69.–

Ski-Gymnastik
Fit für Piste und Loipe. (0450) Von H. Pilss-Samek, 104 S., 67 s/w-Fotos, 20 Zeichnungen, kart. **DM 6,80**/S 59.–

Die neue Skischule
Ausrüstung · Technik · Trickskilauf · Gymnastik. (0369) Von C. und R. Kerler, 128 S., 100 Abb., kart. **DM 9,80**/S 79.–

Skilanglauf, Skiwandern
Ausrüstung · Techniken · Skigymnastik. (5129) Von T. Reiter und R. Kerler, 80 S., 8 Farbtafeln, 85 Zeichnungen und s/w-Fotos, kart. **DM 14,80**/S 119,–

Alpiner Skisport
Ausrüstung · Techniken · Skigymnastik (5130) Von K. Meßmann, 128 S., 8 Farbtafeln, 93 s/w-Fotos, 45 Zeichnungen, kart. **DM 14,80**/S 119.–

Die neue Tennis-Praxis
Der individuelle Weg zu erfolgreichem Spiel. (4097) Von R. Schönborn, 240 S., 202 Farbzeichnungen, 31 s/w-Abb., Pappband. **DM 39,–**/S 319.–

Erfolgreiche Tennis-Taktik
(4086) Von R. Ford Greene, übersetzt von M. R. Fischer, 182 S., 87 Abb., kart. **DM 19,80**/S 159.–

Moderne Tennistechnik
(4187) Von G. Lam, 192 S., 339 s/w-Fotos, 91 Zeichnungen, kart. **DM 24,80**/S 198.–

Tennis kompakt
Der erfolgreiche Weg zu Spiel, Satz und Sieg. (5116) Von W. Taferner, 128 S., 82 s/w-Fotos, 67 Zeichnungen, kart. **DM 14,80**/S 119.–

Tennis
Technik · Taktik · Regeln. (0375) Von H. Elschenbroich, 112 S., 81 Abb., kart. **DM 6,80**/S 59.–

Tischtennis-Technik
Der individuelle Weg zu erfolgreichem Spiel. (0775) Von M. Perger, 144 S., 296 Abb. kart. **DM 16,80**/S 139.–

Squash
Ausrüstung · Technik · Regeln. (0539) Von D. von Horn und H.-D. Stünitz, 96 S., 55 s/w-Fotos, 25 Zeichnungen, kart. **DM 8,80**/S 74.–

Sporttauchen
Theorie und Praxis des Gerätetauchens. (0647) Von S. Müßig, 144 S., 8 Farbtafeln, 35 s/w-Fotos, 89 Zeichnungen, kart., **DM 14,80**/S 119.–

Windsurfing
Lehrbuch für Grundschein und Praxis. (5028) Von C. Schmidt, 64 S., 60 Farbfotos, Pappband. **DM 12,80**/S 99.–

Segeln
Der neue Grundschein – Vorstufe zum A-Schein – Mit Prüfungsfragen. (5147) Von C. Schmidt, 80 S., 8 Farbtafeln, 18 Farbfotos, 82 Zeichnungen, kart., **DM 14,80**/S 119.–

Sportfischen
Fische – Geräte – Technik. (0324) Von H. Oppel, 144 S., 49 s/w-Fotos, 8 Farbtafeln, kart. **DM 9,80**/S 79.–

Falken-Handbuch **Angeln**
in Binnengewässern und im Meer. (4090) Von H. Oppel, 344 S., 24 Farbtafeln, 66 s/w-Fotos, 151 Zeichnungen, gebunden. **DM 39,–**/S 319.–

Angeln
Kleine Fibel für den Sportfischer. (0198) Von E. Bondick, 96 S., 116 Abb., kart. **DM 8,80**/S 74.–

Die Erben Lilienthals
Sportfliegen heute
(4054) Von G. Brinkmann, 240 S., 32 Farbtafeln, 176 s/w-Fotos, 33 Zeichnungen, gebunden. **DM 39,–**/S 319.–

Einführung in das Schachspiel
(0104) Von W. Wollenschläger und K. Colditz, 92 S., 116 Diagramme, kart. **DM 6,80**/S 59.–

Schach mit dem Computer
(0747) Von D. Frickenschmidt, 140 S., 112 Diagramme, 29 s/w-Fotos, 5 Zeichnungen, **DM 16,80**/S 139,–

Spielend Schach lernen
(2002) Von T. Schuster, 128 S., kart. **DM 6,80**/S 59.–

Kinder- und Jugendschach
Offizielles Lehrbuch des Deutschen Schachbundes zur Erringung der Bauern-, Turm- und Königsdiplome. (0561) Von B. J. Withuis und H. Pfleger, 144 S., 220 Zeichnungen u. Diagramme, kart. **DM 12,80**/S 99.–

Neue Schacheröffnungen
(0478) Von T. Schuster, 108 S., 100 Diagramme, kart. **DM 8,80**/S 74.–

Schach für Fortgeschrittene
Taktik und Probleme des Schachspiels. (0219) Von R. Teschner, 96 S., 85 Diagramme, kart. **DM 5,80**/S 49.–

Taktische Schachendspiele
(0752) Von J. Nunn, 200 S., 151 Diagramme, kart. **DM 16,80**/S 139,–

Schach-WM '85 Karpow – Kasparow.
Mit ausführlichen Kommentaren zu allen Partien. (0785) Von H. Pfleger, O. Borik, M. Kipp-Thomas, 128 S., zahlreiche Abb. und Diagramme, kart. **DM 14,80**/S 119,–

Schachstrategie
Ein Intensivkurs mit Übungen und ausführlichen Lösungen. (0584) Von A. Koblenz, dt. Bearb. von K. Colditz, 212 S., 240 Diagramme, kart. **DM 16,80**/S 139.–

Falken-Handbuch **Schach**
(4051) Von T. Schuster, 360 S., über 340 Diagramme, gebunden. **DM 36,–**/S 298.–

Die besten Partien deutscher Schachgroßmeister
(4121) Von H. Pfleger, 192 S., 29 s/w-Fotos, 89 Diagramme, Pappband. **DM 29,80**/S 239.–

Turnier der Schachgroßmeister '83
Karpow · Hort · Browne · Miles · Chandler · Garcia · Rogers · Kindermann. (0718) Von H. Pfleger, E. Kurz, 176 S., 29 s/w-Fotos, 71 Diagramme, kart. **DM 16,80**/S 139.–

Lehr-, Übungs- und Testbuch der Schachkombinationen
(0649) Von K. Colditz, 184 S., 227 Diagramme, kart. **DM 14,80**/S 119.–

Zug um Zug
Schach für jedermann 1
Offizielles Lehrbuch des Deutschen Schachbundes zur Erringung des Bauerndiploms. (0648) Von H. Pfleger und E. Kurz, 80 S., 24 s/w-Fotos, 8 Zeichnungen, 60 Diagramme, kart. **DM 6,80**/ S 59.–

Zug um Zug
Schach für jedermann 2
Offizielles Lehrbuch des Deutschen Schachbundes zur Erringung des Turmdiploms. (0659) Von H. Pfleger und E. Kurz, 132 S., 8 s/w-Fotos, 14 Zeichnungen, 78 Diagramme, kart. **DM 9,80**/S 79.–

Zug um Zug
Schach für jedermann 3
Offizielles Lehrbuch des Deutschen Schachbundes zur Erringung des Königdiploms. (0728) Von H. Pfleger, G. Treppner, 128 S., 4 s/w-Fotos, 84 Diagramme, 10 Zeichnungen, kart. **DM 9,80**/S 79.–

Schachtraining mit den Großmeistern
(0670) Von H. Bouwmeester, 128 S., 90 Diagramme, kart. **DM 14,80**/ S 119.–

Schach als Kampf
Meine Spiele und mein Weg. (0729) Von G. Kasparow, 144 S., 95 Diagramme, 9 s/w-Fotos, kart. **DM 14,80**/S 119,–

Spiele, Denksport, Unterhaltung

Kartenspiele
(2001) Von C. D. Grupp, 144 S., kart. **DM 9,80**/S 79.–

Neues Buch der siebzehn und vier Kartenspiele
(0095) Von K. Lichtwitz, 96 S., kart. **DM 6,80**/S 59.–

Alles über Pokern
Regeln und Tricks. (2024) Von C. D. Grupp, 120 S., 29 Kartenbilder, kart. **DM 8,80**/S 74.–

Rommé und Canasta
in allen Variationen. (2025) Von C. D. Grupp, 124 S., 24 Zeichnungen, kart., **DM 9,80**/S 79.–

Schafkopf, Doppelkopf, Binokel, Cego, Gaigel, Jaß, Tarock und andere „Lokalspiele".
(2015) Von C. D. Grupp, 152 S., kart. **DM 12,80**/S 99.–

Spielend Skat lernen
unter freundlicher Mitarbeit des deutschen Skatverbandes. (2005) Von Th. Krüger, 156 S., 181 s/w-Fotos, 22 Zeichnungen, kart. **DM 9,80**/S 79,–

Das Skatspiel
Eine Fibel für Anfänger. (0206) Von K. Lehnhoff, überarb. von P. A. Höfges, 96 S., kart. **DM 6,80**/S 59.–

Black Jack
Regeln und Strategien des Kasinospiels. (2032) Von K. Kelbratowski, 88 S., kart. **DM 9,80**/S 79,–

Falken-Handbuch **Patiencen**
Die 111 interessantesten Auslagen. (4151) Von U. v. Lyncker, 216 S., 108 Abbildungen, Pappband. **DM 29,80**/S 239.–

Patiencen
in Wort und Bild. (2003) Von I. Wolter, 136 S., kart. **DM 7,80**/S 69.–

Falken-Handbuch **Bridge**
Von den Grundregeln zum Turnierspiel. (4092) Von W. Voigt und K. Ritz, 276 S., 792 Zeichnungen, gebunden. **DM 39,-**/S 319.–

Spielend Bridge lernen
(2012) Von J. Weiss, 108 S., 58 Zeichnungen, kart. **DM 7,80**/S 69.–

Spieltechnik im Bridge
(2004) Von V. Mollo und N. Gardener, deutsche Adaption von D. Schröder, 216 S., kart. **DM 16,80**/S 139.–

Besser Bridge spielen
Reiztechnik, Spielverlauf und Gegenspiel. (2026) Von J. Weiss, 144 S., 60 Diagramme, kart. **DM 14,80**/S 119.–

Herausforderung im Bridge
200 Aufgaben mit Lösungen. (2033) Von V. Mollo, 152 S., kart. **DM 19,80**/S 159,–

Kartentricks
(2010) Von T. A. Rosee, 80 S., 13 Zeichnungen, kart. **DM 6,80**/S 59.–

Mah-Jongg
Das chinesische Glücks-, Kombinations- und Gesellschaftsspiel. (2030) Von U. Eschenbach, 80 S., 30 s/w-Fotos, 5 Zeichnungen, kart. **DM 9,80**/S 79.–

Neue Kartentricks
(2027) Von K. Pankow, 104 S., 20 Abb., kart. **DM 7,80**/S 69,–

Backgammon
für Anfänger und Könner. (2008) Von G. W. Fink und G. Fuchs, 116 S., 41 Abb., kart. **DM 9,80**/S 79.–

Würfelspiele
für jung und alt. (2007) Von F. Pruss, 112 S., 21 s/w-Zeichnungen, kart. **DM 7,80**/S 69.–

Gesellschaftsspiele
für drinnen und draußen. (2006) Von H. Görz, 128 S., kart. **DM 6,80**/S 59.–

Spiele für Party und Familie
(2014) Von Rudi Carrell, 160 S., 50 Abb., kart. **DM 9,80**/S 79.–

Dame
Das Brettspiel in allen Variationen. (2028) Von C. D. Grupp, 104 S., 122 Diagramme, kart. **DM 9,80**/S 79.–

Das japanische Brettspiel Go
(2020) Von W. Dörholt, 104 S., 182 Diagramme, kart. **DM 9,80**/S 79.–

Roulette richtig gespielt
Systemspiele, die Vermögen brachten. (0121) Von M. Jung, 96 S., zahlreiche Tabellen, kart. **DM 7,80**/S 69.–

So gewinnt man gegen Video- und Computerspiele
(0644) Von C. Kerler, 160 S., 25 Zeichnungen, 30 s/w-Fotos, kart. **DM 6,80**/S 59.–

Denksport und Schnickschnack
für Tüftler und fixe Köpfe. (0362) Von J. Barto, 100 S., 45 Abb., kart. **DM 6,80**/S 59.–

FALKEN VERLAG

Die Preise entsprechen dem Status beim Druck dieses

Rätselspiele, Quiz- und Scherzfragen
für gesellige Stunden. (0577) Von K.-H. Schneider, 168 S., über 100 Zeichnungen, Pappband. **DM 16,80**/S 139.–

Knobeleien und Denksport
(2019) Von K. Rechberger, 142 S., 105 Zeichnungen, kart. **DM 7,80**/S 69.–

Quiz
Mehr als 1500 ernste und heitere Fragen aus allen Gebieten. (0129) Von R. Sautter und W. Pröve, 92 S., 9 Zeichnungen, kart. **DM 7,80**/S 69,–

500 Rätsel selberraten
(0681) Von E. Krüger, 272 S., kart. **DM 9,95**/S 79.

Das Super-Kreuzwort-Rätsel-Lexikon
Über 150.000 Begriffe. (4126) Von H. Schiefelbein, 684 S., Pappband. **DM 19,80**/S 159.–

365 Schwedenrätsel
(4173) Von Günther Borutta, 336 S., kart. **DM 16,80**/S 139,–

501 Rätsel selberraten
(0711) Von E. Krüger, 272 S., kart. **DM 9,95**/S 79,–

Riesen-Kreuzwort-Rätsel-Lexikon
über 250.000 Begriffe. (4197) Von H. Schiefelbein, 1024 S., Pappband. **DM 29,80**/S 239,–

Das große farbige Kinderlexikon
(4195) Von U. Kopp, 320 S., 493 Farbabb., 17 s/w-Fotos, Pappband. **DM 29,80**/S 239,–

Das große farbige
Bastelbuch für Kinder
(4254) Von U. Barff, I. Burkhardt, J. Maier, 224 S., 157 Farbfotos, 430 Farb- und 69 s/w-Zeichnungen, Pappband. **DM 29,80**/S 239.–

Punkt, Punkt, Komma, Strich
Zeichenstunden für Kinder. (0564) Von H. Witzig, 144 S., über 250 Zeichnungen, kart. **DM 6,80**/S 59.–

Einmal grad und einmal krumm
Zeichenstunden für Kinder. (0599) Von H. Witzig, 144 S., 363 Abb., kart. **DM 6,80**/S 59.–

Kinderspiele
die Spaß machen. (2009) Von H. Müller-Stein, 112 S., 28 Abb., kart. **DM 6,80**/S 59.–

Spiele für Kleinkinder
(2011) Von D. Kellermann, 80 S., 23 Abb., kart. **DM 5,80**/S 49.–

Kasperletheater
Spieltexte und Spielanleitungen · Basteltips für Theater und Puppen. (0641) Von U. Lietz, 136 S., 4 Farbtafeln, 12 s/w-Fotos, 39 Zeichnungen, kart. **DM 9,80**/S 79.–

Kindergeburtstag
Vorbereitung, Spiel und Spaß. (0287) Von Dr. I. Obrig, 104 S., 40 Abb., 11 Zeichnungen, 9 Lieder mit Noten, kart. **DM 5,80**/S 49.–

Kindergeburtstage die keiner vergißt
Planung, Gestaltung, Spielvorschläge. (0698) Von G. und G. Zimmermann, 102 S., 80 Vignetten, kart. **DM 9,80**/ S 79,–

Kinderfeste
daheim und in Gruppen. (4033) Von G. Blechner, 240 S., 320 Abb., kart. **DM 19,80**/S 159.–

Scherzfragen, Drudel und Blödeleien
gesammelt von Kindern. (0506) Hrsg. von W. Pröve, 112 S., 57 Zeichnungen, kart. **DM 5,80**/S 49.–

Kein schöner Land...
Das große Buch unserer beliebtesten Volkslieder. (4150) 208 S., 108 Farbzeichnungen, Pappband. **19,80**/S 159.–

Komm mit ins Land der Lieder
Das große Buch der Kinder-, Volks- und Chorlieder. (4261) Hrsg. von H. Rauhe, 176 S., 146 Farbzeichnungen, Pappband. **DM 25,–**/S 200.–

Die schönsten Wander- und Fahrtenlieder
(0462) Hrsg. von F. R. Miller, empfohlen vom Deutschen Sängerbund, 80 S., mit Noten und Zeichnungen, kart. **DM 5,80**/S 49.–

Die schönsten Volkslieder
(0432) Hrsg. von D. Walther, 128 S., mit Noten und Zeichnungen, kart. **DM 6,80**/ S 55.–

Neue Spiele für Ihre Party
(2022) Von G. Blechner, 120 S., 54 Zeichnungen, kart. **DM 9,80**/S 79.–

Lustige Tanzspiele und Scherztänze
für Parties und Feste. (0165) Von E. Bäulke, 80 S., 53 Abb., kart. **DM 6,80**/S 59.–

Straßenfeste, Flohmärkte und Basare
Praktische Tips für Organisation und Durchführung. (0592) Von H. Schuster, 96 S., 52 Fotos, 17 Zeichnungen, kart. **DM 12,80**/S 99.–

Humor

Großes Wilhelm Busch Album
mit 1.700 farbigen Bildern. (4249) Von W. Busch, 400 S., 1700 Farbzeichnungen, Pappband. **DM 16,80**/S 139.–

Es ist ein Brauch von alters her...
Lebensweisheiten
(2214) Von W. Busch, 80 S., 38 Zeichnungen, Pappband. **DM 9,80**/S 79,–

Heitere Vorträge und witzige Reden
Lachen, Witz und gute Laune. (0149) Von E. Müller, 104 S., 44 Abb., kart. **DM 9,80**/S 79,–

Tolle Sketche
mit zündenden Pointen – zum Nachspielen. (0656) Von E. Cohrs, 112 S., kart. **DM 9,80**/S 79.–

Vergnügliche Sketche
(0476) Von H. Pillau, 96 S., mit 7 lustigen Zeichnungen, kart. **DM 6,80**/S 59.–

Heitere Vorträge
(0528) Von E. Müller, 128 S., 14 Zeichnungen, kart. **DM 9,80**/S 79.–

Die große Lachparade
Neue Texte für heitere Vorträge und Ansagen. (0188) Von E. Müller, 108 S., kart. **DM 6,80**/S 59.–

So feiert man Feste fröhlicher
Heitere Vorträge und Gedichte. (0098) Von Dr. Allos, 96 S., 15 Abb., kart. **DM 7,80**/S 69.–

Lustige Vorträge für fröhliche Feiern
(0284) Von Karl Lehnhoff, 96 S., kart. **DM 6,80**/S 59.–

Vergnügliches Vortragsbuch
(0091) Von J. Plaut, 192 S., kart. **DM 8,80**/S 74.–

Tolle Sachen zum Schmunzeln und Lachen
Lustige Ansagen und Vorträge. (0163) Von E. Müller, 92 S., kart. **DM 6,80**/S 59.–

Locker vom Hocker
Witzige Sketche zum Nachspielen. (4262) Von W. Giller, 144 S., 41 Zeichnungen, Pappband. **DM 19,80**/S 159.–

Fidele Sketche und heitere Vorträge
Humor zum Nachspielen. (0157) Von H. Ehnle. 96 S., kart. **DM 6,80**/S 59.–

Sketche und spielbare Witze
für bunte Abende und andere Feste. (0445) Von H. Friedrich, 120 S., 7 Zeichnungen, kart. **DM 6,80**/S 59.–

Sketsche
Kurzspiele zu amüsanter Unterhaltung. (0247) Von M. Gering, 132 S., 16 Abb., kart., **DM 6,80**/59.–

Dalli-Dalli-Sketche
aus dem heiteren Ratespiel von und mit Hans Rosenthal. (0527) Von H. Pillau, 144 S., 18 Zeichnungen, kart. **DM 9,80**/S 79.–

Witzige Sketche zum Nachspielen
(0511) Von D. Hallervorden, 160 S., kart. **DM 14,80**/S 119.–

Gereimte Vorträge
für Bühne und Bütt. (0567) Von G. Wagner, 96 S., kart. **DM 7,80**/S 69.–

Damen in der Bütt
Scherze, Büttenreden, Sketsche. (0354) Von T. Müller, 136 S., kart. **DM 8,80**/S 74.–

Narren in der Bütt
Leckerbissen aus dem rheinischen Karneval. (0216) Zusammengestellt von T. Lücker, 112 S., kart. **DM 8,80**/S 74.–

Rings um den Karneval
Karnevalsscherze und Büttenreden. (0130) Von Dr. Allos, 136 S., kart. **DM 9,80**/S 79.–

Helau und Alaaf 1
Närrisches aus der Bütt. (0304) Von E. Müller, 112 S., kart. **DM 6,80**/S 59.–

Helau und Alaaf 2
Neue Büttenreden. (0477) Von E. Luft, 104 S., kart. **DM 7,80**/S 69.–

Helau und Alaaf 3
Neue Reden für die Bütt. (0832) Von H. Fauser, 144 S., 13 Zeichnungen, kart. **DM 9,80**/S 79.–

Humor und Stimmung
Ein heiteres Vortragsbuch. (0460) Von G. Wagner, 112 S., kart. **DM 6,80**/S 59.–

Humor und gute Laune
Ein heiteres Vortragsbuch. (0635) Von G. Wagner, 112 S., 5 Zeichnungen, kart. **DM 8,80**/S 74.–

Das große Buch der Witze
(0384) Von E. Holz, 320 S., 36 Zeichnungen, Pappband. **DM 16,80**/S 139.–

Da lacht das Publikum
Neue lustige Vorträge für viele Gelegenheiten. (0716) Von H. Schmalenbach, 104 S., kart. **DM 9,80**/S 79,–

Witzig, witzig
(0507) Von E. Müller, 128 S., 16 Zeichnungen, kart. **DM 6,80**/S 59,–

Die besten Witze und Cartoons des Jahres 1
(0454) Hrsg. von K. Hartmann, 288 S., 125 Zeichnungen, geb. **DM 16,80**/S 139.–

Die besten Witze und Cartoons des Jahres 2
(0488) Hrsg. von K. Hartmann, 288 S., 148 Zeichnungen, geb. **DM 16,80**/S 139.–

Die besten Witze und Cartoons des Jahres 3
(0524) Hrsg. von K. Hartmann, 288 S., 105 Zeichnungen, Pappband.
DM 16,80/S 139.–

Die besten Witze und Cartoons des Jahres 4
(0579) Hrsg. von K. Hartmann, 288 S., 140 Zeichnungen, Pappband.
DM 16,80/S 139.–

Die besten Witze und Cartoons des Jahres 5
(0642) Hrsg. von K. Hartmann, 288 S., 88 Zeichnungen, Pappband.
DM 16,80/S 139.–

Das Superbuch der Witze
(4146) Von B. Bornheim, 504 S., 54 Cartoons, Pappband.
DM 16,80/S 139.–

Witze
Lachen am laufenden Band (4241) Von J. Burkert, D. Kroppach, 400 S., 41 Zeichnungen, Pappband.
DM 15,–/S 120,–

Die besten Beamtenwitze
(0574) Hrsg. von W. Pröve, 112 S., 59 Cartoons, kart. **DM 5,80**/S 49.–

Die besten Kalauer
(0705) Von K. Frank, 112 S., 12 Zeichnungen, kart., **DM 5,80**/S 49.–

Robert Lembkes Witzauslese
(0325) Von Robert Lembke, 160 S., mit 10 Zeichnungen von E. Köhler, Pappband.
DM 14,80/S 119.–

Fred Metzlers Witze mit Pfiff
(0368) Von F. Metzler, 120 S., kart.
DM 6,80/S 59.–

O frivol ist mir am Abend
Pikante Witze von Fred Metzler. (0388) Von F. Metzler, 128 S., mit Karikaturen, kart. **DM 5,80**/S 49.–

Herrenwitze
(0589) Von G. Wilhelm, 112 S., 31 Zeichnungen, kart. **DM 5,80**/S 49.–

Witze am laufenden Band
(0461) Von F. Asmussen, 118 S., kart.
DM 6,80/S 59.–

Horror zum Totlachen
Gruselwitze
(0536) Von F. Lautenschläger, 96 S., 44 Zeichnungen, kart. **DM 5,80**/S 49.–

Die besten Ostfriesenwitze
(0495) Hrsg. von O. Freese, 112 S., 17 Zeichnungen, kart. **DM 5,80**/S 49.–

Die Kleidermotte ernährt sich von nichts, sie frißt nur Löcher
Stilblüten, Sprüche und Widersprüche aus Schule, Zeitung, Rundfunk und Fernsehen. (0738) Von P. Haas, D. Kroppach, 112 S., zahlr. Abb., kart. **DM 6,80**/S 59.–

Olympische Witze
Sportlerwitze in Wort und Bild. (0505) Von W. Willnat, 112 S., 126 Zeichnungen, kart. **DM 5,80**/S 49.–

Ich lach mich kaputt! Die besten Kinderwitze
(0545) Von E. Hannemann, 128 S., 15 Zeichnungen, kart. **DM 5,80**/S 49.–

Lach mit!
Witze für Kinder, gesammelt von Kindern. (0468) Hrsg. von W. Pröve, 128 S., 17 Zeichnungen, kart. **DM 6,80**/S 59,–

Die besten Kinderwitze
(0757) Von K. Rank, 120 S., 28 Zeichnungen, kart. **DM 6,80**/S 59,–

Lustige Sketche für Jungen und Mädchen
Kurze Theaterstücke für Jungen und Mädchen. (0669) Von U. Lietz und U. Lange, 104 S., kart. **DM 7,80**/S 69,–

Spielbare Witze für Kinder
(0824) Von H. Schmalenbach, 128 S., 30 Zeichnungen, kart. **DM 9,80**/S 79.–

Natur

Faszination Berg
zwischen Alpen und Himalaya.
(4214) Von T. Hiebeler, 96 S., 100 Farbfotos, Pappband. **DM 24,80**/S 198.–

Hilfe für den Wald
Ursachen, Schadbilder, Hilfsprogramme. Was jeder wissen muß, um unser wichtigstes Öko-System zu retten. (4164) Von K. F. Wentzel, R. Zundel, 128 S., 178 Farb- und 6 s/w-Fotos, 60 Zeichnungen, kart. **DM 19,80**/S 159,–

Gefährdete und geschützte Pflanzen
erkennen und benennen. (0596) Von W. Schnedler und K. Wolfstetter, 160 S., 140 Farbfotos, 4 Zeichnungen, kart.
DM 19,80/S 159,–

Beeren und Waldfrüchte
erkennen und benennen, eßbar oder giftig? (0401) Von J. Raithelhuber, 120 S., 90 Farbfotos, 40 Zeichnungen, kart. **DM 16,80**/S 139.–

Pilze
erkennen und benennen. (0380) Von J. Raithelhuber, 136 S., 110 Farbfotos, kart. **DM 14,80**/S 119.–

Falken-Handbuch **Pilze**
Mit über 250 Farbfotos und Rezepten. (4061) Von M. Knoop, 276 S., 250 Farbfotos, Pappband. **DM 39,–**/S 319.–

Das Gartenjahr
Arbeitsplan für den Hobbygärtner. (4075) Von G. Bambach, 152 S., 16 Farbtafeln, 141 Abb., kart. **DM 14,80**/S 119.–

Gartenteiche und Wasserspiele
planen, anlegen und pflegen. (4083) Von H. R. Sikora, 160 S., 31 Farb- und 31 s/w-Fotos, 73 Zeichnungen, Pappband.
DM 29,80/S 239.–

Wasser im Garten
Von der Vogeltränke zum Naturteich – Natürliche Lebensräume selbst gestalten. (4230) Von H. Hendel, 240 S., 247 Farbfotos, 68 Farbzeichungen, Pappband.
DM 59,–/S 479,–

Gärtnern
(5004) Von I. Manz, 64 S., 38 Farbfotos, Pappband. **DM 14,80**/S 119.–

Gärtner Gustavs Gartenkalender
Arbeitspläne · Pflanzenporträts · Gartenlexikon. (4155) Von G. Schoser, 120 S., 146 Farbfotos, 13 Tabellen, 203 farbige Zeichnungen, Pappband.
DM 24,80/S 198.–

Ziersträucher und -bäume im Garten
(5071) Von I. Manz, 64 S., 91 Farbfotos, Pappband. **DM 14,80**/S 119.–

Das Blumenjahr
Arbeitsplan für drinnen und draußen. (4142) Von G. Vocke, 136 S., 15 Farbtafeln, kart. **DM 14,80**/S 119.–

Der richtige Schnitt von Obst- und Ziergehölzen, Rosen und Hecken
(0619) Von E. Zettl, 88 S., 8 Farbtafeln, 39 Zeichnungen, 21 s/w-Fotos, kart.
DM 7,80/S 69.–

Blumenpracht im Garten
(5014) Von I. Manz, 64 S., 93 Farbfotos, Pappband. **DM 14,80**/S 119.–

Vom betörenden Zauber der **Rosen**
(2206) Von H. Steinhauer, 80 S., 89 Farbfotos und Zeichnungen, Pappband. **DM 9,80**/S 85,–

Blütenpracht in Haus und Garten
(4145) Von M. Haberer, u. a., 352 S., 1012 Farbfotos, Pappband.
DM 39,–/S 319,–

Das bunte Blütenparadies der **Blumen**
(2219) Von B. Zeidelhack, 80 S., 72 Farbabb., Pappband. **DM 9,80**/S 85,–

Sag's mit Blumen
Pflege und Arrangieren von Schnittblumen. (5103) Von P. Möhring, 64 S., 68 Farbfotos, 2 s/w-Abb., Pappband. **DM 14,80**/S 119.–

Grabgestaltung
Bepflanzung und Pflege zu jeder Jahreszeit. (5120) Von N. Uhl, 64 S., 77 Farbfotos, 2 Zeichnungen, Pappband.
DM 16,80/S 139.–

Leben im Naturgarten
Der Biogärtner und seine gesunde Umwelt. (4124) Von N. Jorek, 128 S., 68 s/w-Fotos, kart. **DM 14,80**/S 119.–

So wird mein Garten zum Biogarten
Alles über die Umstellung auf naturgemäßen Anbau. (0706) Von I. Gabriel, 128 S., durchgehend 4farbig, 73 Farbfotos, 54 Farbzeichnungen, kart.
DM 14,80/S 119,–

Gesunde Pflanzen im Biogarten
Biologische Maßnahmen bei Schädlingsbefall und Pflanzenkrankheiten. (0707) Von I. Gabriel, 128 S., durchgehend 4farbig, 126 Farbfotos, 12 Farbzeichnungen, kart. **DM 14,80**/S 119,–

Der Biogarten unter Glas und Folie
Ganzjährig erfolgreich ernten. (0722) Von I. Gabriel, 128 S., durchgehend 4farbig, 62 Farbfotos, 45 Farbzeichnungen, kart. **DM 14,80**/S 119,–

Obst und Beeren im Biogarten
Gesunde und schmackhafte Früchte durch natürlichen Anbau. (0780) Von I. Gabriel, 128 S., 38 Farbfotos, 71 Farbzeichungen, kart. **DM 14,80**/S 119,–

Neuanlage eines Biogartens
Planung, Bodenvorbeitung, Gestaltung. (0721) Von I. Gabriel, 128 S., durchgehend 4farbig, 73 Farbfotos, 39 Zeichnungen, kart. **DM 14,80**/S 119,–

Der biologische Zier- und Wohngarten
Planen, Vorbereiten, Bepflanzen und Pflegen. (0748) Von I. Gabriel, 128 S., 72 Farbfotos, 46 Farbzeichnungen, kart.
DM 14,80/S 119.–

Das Bio-Gartenjahr
Arbeitsplan für naturgemäßes Gärtnern. (4169) Von N. Jorek, 128 S., 8 Farbtafeln, 70 s/w-Abb. kart.
DM 14,80/S 119,–

Selbstversorgung aus dem eigenen Anbau
Reichen Erntesegen verwerten und haltbar machen. (4182) Von M. Bustorf-Hirsch, M. Hirsch, 216 S., 270 Zeichnungen, Pappband. **DM 29,80**/S 239,–

Mischkultur im Nutzgarten
Mit Jahreskalender und Anbauplänen. (0651) Von H. Oppel, 112 S., 8 Farbtafeln, 23 s/w-Fotos, 29 Zeichnungen, kart. **DM 9,80**/S 79.–

FALKEN VERLAG

Die Preise entsprechen dem Status beim Druck dieses

Erfolgstips für den Gemüsegarten
Mit naturgemäßem Anbau zu höherem Ertrag. (0674) Von F. Mühl, 80 S., 30 s/w-Fotos, 4 Zeichnungen, kart. **DM 7,80**/ S 69.–

Erfolgstips für den Obstgarten
Gesunde Früchte durch richtige Sortenwahl und Pflege. (0827) Von F. Mühl, 184 S., 16 Farbtafeln, 33 Zeichnungen, kart. **DM 14,80**/S 119.–

Der erfolgreiche Obstgarten
Pflanzung · Veredelung und Schnitt. (5100) Von J. Zech, 64 S., 54 Farbfotos, Pappband. **DM 14,80**/S 119.–

Gemüse, Kräuter, Obst aus dem Balkongarten
– Erfolgreich ernten auf kleinstem Raum. (0694) Von S. Stein, 32 S., 34 Farbfotos, 6 Zeichnungen, Spiralbindung, kart. **DM 7,80**/S 69.–

Keime, Sprossen, Küchenkräuter
am Fenster ziehen – rund ums Jahr. (0658) Von F. und H. Jantzen, 32 S., 55 Farbfotos, Pappband. **DM 6,80**/S 59.–

Balkons in Blütenpracht
zu allen Jahreszeiten. (5047) Von N. Uhl, 64 S., 80 Farbfotos, Pappband. **DM 14,80**/S 119.–

Kübelpflanzen
für Balkon, Terrasse und Dachgarten. (5132) Von M. Haberer, 64 S., 70 Farbfotos, Pappband. **DM 14,80**/S 119.–

Kletterpflanzen
Rankende Begrünung für Fassade, Balkon und Garten. (5140) Von M. Haberer, 64 S., 70 Farbabb., 2 Zeichnungen, Pappband. **DM 14,80**/S 119.–

Mein Kräutergarten rund ums Jahr
Täglich schnittfrisch und gesund würzen. (4192) Von Prof. Dr. G. Lysek, 136 S., 15 Farbtafeln, 91 Zeichnungen, kart. **DM 16,80**/S 139.–

Blühende Zimmerpflanzen
94 Arten mit Pflegeanleitungen. (5010) Von R. Blaich, 64 S., 107 Farbfotos, Pappband. **DM 14,80**/S 119.–

Falken-Handbuch **Zimmerpflanzen**
1600 Pflanzenporträts. (4082) Von R. Blaich, 432 S., 480 Farbfotos, 84 Zeichnungen, 1600 Pflanzenbeschreibungen, Pappband. **DM 39,–**/S 319.–

Blütenpracht in Grolit 2000
Der neue, mühelose Weg zu farbenprächtigen Zimmerpflanzen. (5127) Von G. Vocke, 64 S., 50 Farbfotos, Pappband. **DM 14,80**/S 119.–

Ziergräser
Über 100 Arten erfolgreich kultivieren. (0829) Von H. Jantra, 104 S., 73 Farbfotos, 6 Farbzeichnungen, kart. **DM 16,80**/S 139.–

Bonsai
Japanische Miniaturbäume und Miniaturlandschaften. Anzucht, Gestaltung und Pflege. (4091) Von B. Lesniewicz, 160 S., 106 Farbfotos, 46 s/w-Fotos, 115 Zeichnungen, gebunden. **DM 68,–**/S 549.–

Zimmerbäume, Palmen und andere Blattpflanzen
Standort, Pflege, Vermehrung, Schädlinge. (5111) Von G. Schoser, 96 S., 98 Farbfotos, 7 Zeichnungen, Pappband. **DM 19,80**/S 159.–

Biologisch zimmergärtnern
Zier- und Nutzpflanzen natürlich pflegen. (4144) Von N. Jorek, 152 S., 15 Farbtafeln, 120 s/w-Fotos, Pappband. **DM 19,80**/S 159.–

Hydrokultur
Pflanzen ohne Erde – mühelos gepflegt. (4080) Von H.-A. Rotter, 120 S., 82 Abb., Pappband. **DM 19,80**/S 159.–

Zimmerpflanzen in Hydrokultur
Leitfaden für problemlose Blumenpflege. (0660) Von H.-A. Rotter, 32 S., 76 Farbfotos, 8 farbige Zeichnungen, Pappband, **DM 7,80**/S 69.–

Sukkulenten
Mittagsblumen, Lebende Steine, Wolfsmilchgewächse u. a. (5070) Von W. Hoffmann, 64 S., 82 Farbfotos, Pappband. **DM 14,80**/S 119.–

Kakteen und andere Sukkulenten
300 Arten mit über 500 Farbfotos. (4116) Von G. Andersohn, 316 S., 520 Farbfotos, 193 Zeichnungen, Pappband. **DM 49,–**/S 398.–

Fibel für Kakteenfreunde
(0199) Von H. Herold, 102 S., 23 Farbfotos, 37 s/w-Abb., kart. **DM 7,80**/S 69.–

Kakteen
Herkunft, Anzucht, Pflege, Arten. (5021) Von W. Hoffmann, 64 S., 70 Farbfotos, Pappband. **DM 14,80**/S 119.–

Faszinierende Formen und Farben
Kakteen
(4211) Von K. und F. Schild, 96 S., 127 Farbfotos, Pappband. **DM 24,80**/S 198.–

Orchideen
(4215) Von G. Schoser, 96 S., 143 Farbfotos, Pappband. **DM 24,80**/S 198,–

Falken-Handbuch **Orchideen**
Lebensraum, Kultur, Anzucht und Pflege. (4231) Von G. Schoser, 144 S., 121 Farbfotos, 28 Farbzeichnungen, Pappband. **DM 29,80**/S 239,–

Falken-Handbuch **Katzen**
(4158) Von B. Gerber, 176 S., 294 Farb- und 88 s/w-Fotos, Pappband. **DM 39,–**/S 319,–

Katzen
Rassen · Haltung · Pflege. (4216) Von B. Eilert-Overbeck, 96 S., 82 Farbfotos, Pappband. **DM 24,80**/S 198.–

Das neue Katzenbuch
Rassen – Aufzucht – Pflege. (0427) Von B. Eilert-Overbeck, 136 S., 14 Farbfotos, 26 s/w-Fotos, kart. **DM 8,80**/S 74.–

Lieblinge auf Samtpfötchen **Katzen**
(2202) Von B. Eilert-Overbeck, 80 S., 53 Farbfotos, 5 s/w-Fotos, 1 Zeichnung, Pappband. **DM 9,80**/S 85.–

Katzenkrankheiten
Erkennung und Behandlung. Steuerung des Sexualverhaltens. (0652) Von Dr. med. vet. R. Spangenberg, 176 S., 64 s/w-Fotos, 4 Zeichnungen, kart. **DM 9,80**/S 79.–

Falken-Handbuch **Hunde**
(4118) Von H. Bielfeld, 176 S., 222 Farbfotos und Farbzeichnungen, 73 s/w-Abb., Pappband. **DM 39,–**/S 319.–

Hunde
Die treuen Freunde des Menschen (2207) Von R. Spangenberg, 80 S., 49 Farbfotos und Zeichnungen, Pappband. **DM 9,80**/S 85,–

Hunde
Rassen · Erziehung · Haltung. (4209) Von H. Bielfeld, 96 S., 101 Farbfotos, Pappband. **DM 24,80**/S 198.–

Das neue Hundebuch
Rassen · Aufzucht · Pflege. (0009) Von W. Busack, überarbeitet von Dr. med. vet. A. H. Hacker und H. Bielfeld, 112 S., 8 Farbtafeln, 27 s/w-Fotos, 6 Zeichnungen, kart. **DM 8,80**/S 74.–

Falken-Handbuch
Der Deutsche Schäferhund
(4077) Von U. Förster, 228 S., 160 Abb., Pappband. **DM 29,80**/S 239.–

Der Deutsche Schäferhund
Aufzucht, Pflege und Ausbildung. (0073) Von A. Hacker, 104 S., 56 Abb., kart. **DM 7,80**/S 69.–

Dackel, Teckel, Dachshund
Aufzucht · Pflege · Ausbildung. (0508) Von M. Wein-Gysae, 112 S., 4 Farbtafeln, 43 s/w-Fotos, 2 Zeichnungen, kart. **DM 9,80**/S 79.–

Hundeausbildung
Verhalten – Gehorsam – Abrichtung. (0346) Von Prof. Dr. R. Menzel, 96 S., 18 Fotos, kart. **DM 7,80**/S 69.–

Grundausbildung für Gebrauchshunde
Schäferhund, Boxer, Rottweiler, Dobermann, Riesenschnauzer, Airedaleterrier, Hovawart und Bouvier. (0801) Von M. Schmidt und W. Koch, 104 S., 8 Farbtafeln, 51 s/w-Fotos, 5 s/w-Zeichnungen, kart. **DM 9,80**/S 79.–

Hundekrankheiten
Erkennung und Behandlung, Steuerung des Sexualverhaltens. (0570) Von Dr. med. vet. R. Spangenberg, 128 S., 68 s/w-Fotos, 10 Zeichnungen, kart. **DM 9,80**/S 79.–

Falken-Handbuch **Pferde**
(4186) Von H. Werner, 176 S., 196 Farb- und 50 s/w-Fotos, 100 Zeichnungen, Pappband. **DM 48,–**/S 389,–

Ponys
Rassen, Haltung, Reiten. (4205) Von S. Braun, 96 S., 84 Farbfotos, Pappband. **DM 24,80**/S 198.–

Schmetterlinge
Tagfalter Miteleuropas erkennen und benennen. (0510) Von T. Ruckstuhl, 156 S., 136 Farbfotos, kart. **DM 16,80**/S 139.–

Wellensittiche
Arten · Haltung · Pflege · Sprechunterricht · Zucht. (5136) Von H. Bielfeld, 64 S., 59 Farbfotos, Pappband. **DM 14,80**/S 119.–

Papageien und Sittiche
Arten · Pflege · Sprechunterricht. (0591) Von H. Bielfeld, 112 S., 8 Farbtafeln, kart. **DM 9,80**/S 79.–

Geflügelhaltung als Hobby
(0749) Von M. Baumeister, H. Meyer, 184 S., 8 Farbtafeln, 47 s/w-Fotos, 15 Zeichnungen, kart. **DM 16,80**/S 139,–

Falken-Handbuch **Das Terrarium**
(4069) Von B. Kahl, P. Gaupp, Dr. G. Schmidt, 336 S., 215 Farbfotos, geb. **DM 58,–**/S 460.–

DIE TIERSPRECHSTUNDE
Alles über Igel in Natur und Garten
(0810) Von Dr. med. vet. E. M. Bartenschlager, 68 S., 51 Farbfotos, kart. **DM 9,80**/S 79.–

DIE TIERSPRECHSTUNDE
Alles über Meerschweinchen
(0809) Von Dr. med. vet. E. M. Bartenschlager, 72 S., 43 Farbfotos, 11 Farbzeichnungen, kart. **DM 9,80**/S 79.–

Das Süßwasser-Aquarium
Einrichtung · Pflege · Fische · Pflanzen. (0153) Von H. J. Mayland, 152 S., 16 Farbtafeln, 43 s/w-Zeichnungen, kart. **DM 12,80**/S 99,–

FALKEN VERLAG

Falken-Handbuch
Süßwasser-Aquarium
(4191) Von H. J. Mayland, 288 S., 564 Farbfotos, 75 Zeichnungen, Pappband. **DM 49,–**/S 398,–

Cichliden
Pflege, Herkunft und Nachzucht der wichtigsten Buntbarscharten. (5144) Von Jo in't Veen, 96 S., 163 Farbfotos, Pappband. **DM 19,80**/S 159,–

Gesundheit

Die Frau als Hausärztin
Der unentgeltliche Ratgeber für die Gesundheit. (4072) Von Dr. med. A. Fischer-Dückelmann, 808 S., 14 Farbtafeln, 146 s/w-Fotos, 203 Zeichnungen, Pappband. **DM 29,80**/S 239,–

Heiltees und Kräuter für die Gesundheit
(4123) Von G. Leibold, 136 S., 15 Farbtafeln, 16 Zeichnungen, kart. **DM 14,80**/S 119.–

Falken-Handbuch
Heilkräuter
Modernes Lexikon der Pflanzen und Anwendungen (4076) Von G. Leibold, 392 S., 183 Farbfotos, 22 Zeichnungen, geb. **DM 39,–**/S 319.–

Die farbige Kräuterfibel
Heil- und Gewürzpflanzen. (0245) Von I. Gabriel, 196 S., 49 farbige und 97 s/w-Abb., kart. **DM 14,80**/ S 119.–

Arzneikräuter und Wildgemüse
erkennen und benennen. (0459) Von J. Raithelhuber, 144 S., 108 Farbfotos, 31 Zeichnungen, kart. **DM 16,80**/S 139.–

Falken-Handbuch
Bio-Medizin
Alles über die moderne Naturheilpraxis. (4136) Von G. Leibold, 552 S., 38 Farbfotos, 232 s/w-Abb., Pappband. **DM 39,–**/ S 319.–

Enzyme
(0677) Von G. Leibold, 96 S., kart. **DM 9,80**/S 79.–

Heilfasten
(0713) Von G. Leibold, 108 S., kart. **DM 9,80**/S 79.–

So lebt man länger nach Dr. Le Comptes Erfolgsmethode!
Vital und gesund bis ins hohe Alter. (4129) Von Dr. H. Le Compte, P. Pervenche, 224 S., gebunden. **DM 24,80**/S 198.–

Gesundheit und Spannkraft durch Yoga
(0321) Von L. Frank und U. Ebbers, 112 S., 50 s/w-Fotos, kart. **DM 7,80**/S 69.–

Yoga für jeden
(0341) Von K. Zebroff, 156 S., 135 Abb., Spiralbindung, **DM 20,–**/S 160.–

Yoga für Schwangere
Der Weg zur sanften Geburt. (0777) Von V. Bolesta-Hahn, 108 S., 76 2-farbige Abb. **DM 12,80**/S 99,–

Yoga gegen Haltungsschäden und Rückenschmerzen
(0394) Von A. Raab, 104 S., 215 Abb., kart. **DM 6,80**/S 59.–

Hypnose und Autosuggestion
Methoden – Heilwirkungen – praktische Beispiele. (0483) Von G. Leibold, 116 S., kart. **DM 7,80**/S 69.–

Autogenes Training
Anwendung · Heilwirkungen · Methoden. (0541) Von R. Faller, 128 S., 3 Zeichnungen, kart. **DM 9,80**/S 79.–

Die fernöstliche Fingerdrucktherapie Shiatsu
Anleitungen zur Selbsthilfe – Heilwirkungen. (0615) Von G. Leibold, 196 S., 180 Abb., kart. **DM 16,80**/S 139.–

Eigenbehandlung durch Akupressur
Heilwirkungen – Energielehre – Meridiane. (0417) Von G. Leibold, 152 S., 78 Abb., kart. **DM 9,80**/S 79.–

Chinesische Naturheilverfahren
Selbstbehandlung mit bewährten Methoden der physikalischen Therapie. Atemtherapie · Heilgymnastik · Selbstmassage · Vorbeugen · Behandeln · Entspannen. (4247) Von F. Tjoeng Lie, 160 S., 292 zweifarbige Zeichnungen, Pappband. **DM 29,80**/S 239.–

Bauch, Taille und Hüfte gezielt formen durch **Aktiv Yoga**
(0709) Von K. Zebroff, 112 S., 102 Farbfotos, Spiralbindung, **DM 14,80**/S 119,–

10 Minuten täglich Tele-Gymnastik
(5102) Von B. Manz und K. Biermann, 128 S., 381 Abb., kart. **DM 14,80**/S 119.–

Gesund und fit durch Gymnastik
(0366) Von H. Pilss-Samek, 132 S., 150 Abb., kart. **DM 9,80**/S 79.–

Stretching
Mit Dehnungsgymnastik zu Entspannung, Geschmeidigkeit und Wohlbefinden. (0717) Von H. Schulz, 80 S., 90 s/w-Fotos, kart. **DM 7,80**/S 69.–

Gesund und leistungsfähig durch
Konditionsübungen, Fitneßtraining, Wirbelsäulengymnastik
(0844) Von R. Milser, K. Grafe, 104 S., 99 Farbfotos, 12 Farbzeichnungen, 5 s/w-Zeichnungen, kart. **DM 16,80**/S 139.–

Schönheitspflege
Kosmetische Tips für jeden Tag. (0493) Von H. Zander, 80 S., 25 Abb., kart. **DM 7,80**/S 69.–

Natur-Apotheke
Gesundheit durch altbewährte Kräuterrezepte und Hausmittel. (4156) Von G. Leibold, 236 S., 8 Farbtafeln, 100 Zeichnungen, kart., **DM 19,80**/S 159.–
(4157) Pappband, **29,80**/S 239.–

Diät bei Krankheiten des Magens und Zwölffingerdarms
Rezeptteil von B. Zöllner. (3201) Von Prof. Dr. med. H. Kaess, 96 S., 4 Farbtafeln, kart. **DM 10,80**/S 85.–

Diät bei Herzkrankheiten und Bluthochdruck
Salzarme (natriumarme) Kost. Rezeptteil von B. Zöllner. (3202) Von Prof. Dr. med. H. Rottka, 92 S., 4 Farbtafeln, kart. **DM 10,80**/S 85.–

Diät bei Erkrankungen der Niere und Harnwege, bei Nierensteinen und bei Dialysebehandlung
Rezeptteil von B. Zöllner. (3203) Von Prof. Dr. med. H. J. Sarre und Prof. Dr. med. R. Kluthe, 100 S., 4 Farbtafeln, kart. **DM 10,80**/S 85.–

Richtige Ernährung im Alter
Rezeptteil von B. Zöllner. (3204) Von Priv.-Doz. Dr. med. H.-J. Pusch und Dr. med. W. Koch, 88 S., 4 Farbtafeln, kart. **DM 10,80**/S 85.–

Diät bei Gicht und Harnsäuresteinen
Rezeptteil von B. Zöllner. (3205) Von Prof. Dr. med. N. Zöllner, 80 S., 4 Farbtafeln, kart. **DM 10,80**/S 85.–

Diät bei Zuckerkrankheit
Rezeptteil von B. Zöllner. (3206) Von Prof. Dr. med. P. Dieterle, 80 S., 4 Farbtafeln, kart. **DM 10,80**/S 85.–

Diät bei Krankheiten der Gallenblase, Leber und Bauchspeicheldrüse
Rezeptteil von B. Zöllner. (3207) Von Prof. Dr. med. H. Kasper, 88 S., 4 Farbtafeln, kart. **DM 10,80**/S 85.–

Diät bei Störungen des Fettstoffwechsels und zur Vorbeugung der Arteriosklerose
Rezeptteil von B. Zöllner. (3208) Von Prof. Dr. med. G. Wolfram und Dr. med. O. Adam, 104 S., 4 Farbtafeln, kart. **DM 10,80**/S 85.–

Diät bei Übergewicht
Rezeptteil von B. Zöllner. (3209) Von Priv.-Doz. Dr. med. Ch. Keller, 96 S., 4 Farbtafeln, kart. **DM 10,80**/S 85.–

Diät bei Darmkrankheiten
Durchfall – Divertikulose, Reizdarm und Darmträgheit – einheimischer Sprue (Zöliakie) – Disaccharidasemangel – Dünndarmresektion – Dumping Syndrom. Rezeptteil von B. Zöllner. (3211) Von Prof. Dr. med. G. Strohmeyer, 88 S., 4 Farbtafeln, kart. **DM 10,80**/S 85.–

Ballaststoffreiche Kost bei Funktionsstörungen des Darms
Rezeptteil von B. Zöllner. (3212) Von Prof. Dr. med. H. Kasper, 80 S., 4 Farbtafeln, kart. **DM 10,80**/S 85.–

Bildatlas des menschlichen Körpers
(4177) Von G. Pogliani, V. Vannini, 112 S., 402 Farbabb., 28 s/w-Fotos, Pappband, **DM 29,80**/S 239.–

Fußmassage
Reflexzonentherapie am Fuß (0714) Von G. Leibold, 96 S., 38 Zeichnungen, kart. **DM 9,80**/S 79.–

Rheuma und Gicht
Krankheitsbilder, Behandlung, Therapieverfahren, Selbstbehandlung, richtige Lebensführung und Ernährung. (0712) Von Dr. J. Höder, J. Bandick, 104 S., kart. **DM 9,80**/S 79.–

Krampfadern
Ursachen, Vorbeugung, Selbstbehandlung, Therapieverfahren. (0727) Von Dr. med. K. Steffens, 96 S., 38 Abb., kart. **DM 9,80**/S 79.–

Gallenleiden
Krankheitsbilder, Behandlung, Therapieverfahren, Selbstbehandlung, Richtige Lebensführung und Ernährung. (0673) Von Dr. med. K. Steffens, 104 S., 34 Zeichnungen, kart. **DM 9,80**/S 79,–

Asthma
Pseudokrupp, Bronchitis und Lungenemphysem. (0778) Von Prof. Dr. med. W. Schmidt, 120 S., 56 Zeichnungen, kart. **DM 9,80**/S 79,–

Vitamine und Ballaststoffe
So ermittle ich meinen täglichen Bedarf (0746) Von Prof. Dr. M. Wagner, I. Bongartz, 96 S., 6 Farbabb., zahlreiche Tabellen, kart. **DM 9,80**/S 79,–

Darmleiden
Krankheitsbilder, Behandlung, Selbstbehandlung, Richtige Lebensführung und Ernährung. (0798) Von Dr. med. K. Steffens, 112 S., 46 Zeichnungen, kart. **DM 9,80**/S 79,–

Die Preise entsprechen dem Status beim Druck dieses

Massage
(0750) Von B. Rumpler, K. Schutt, 112 S., 116 2-farbige Zeichnungen, kart.
DM 12,80/S 99,–

Ratgeber Aids
Entstehung, Ansteckung, Krankheitsbilder, Heilungschancen, Schutzmaßnahmen. (0803) Von B. Baartman, Vorwort von Dr. med. H. Jäger, 112 S., 8 Farbtafeln, 4 Grafiken, kart. **DM 16,80**/S 139,–

Wenn Kinder krank werden
Medizinischer Ratgeber für Eltern. (4240) Von Dr. med. I. J. Chasnoff, B. Nees-Delaval, 232 S., 163 Zeichnungen, Pappband. **DM 29,80**/S 239,–

Ratgeber Lebenshilfe

Umgangsformen heute
Die Empfehlungen des Fachausschusses für Umgangsformen. (4015) 282 S., 160 s/w-Fotos, 25 Zeichnungen, Pappband. **DM 29,80**/S 239.–

Der gute Ton
Ein moderner Knigge. (0063) Von I. Wolter, 168 S., 38 Zeichnungen, 53 s/w-Fotos, kart. **DM 9,80**/S 79.–

Haushaltstips von A bis Z
(0759) Von A. Eder, 80 S., 30 Zeichnungen, kart. **DM 7,80**/S 69,–

Wir heiraten
Ratgeber zur Vorbereitung und Festgestaltung der Verlobung und Hochzeit. (4188) Von C. Poensgen, 216 S., 8 s/w-Fotos, 30 s/w-Zeichnungen, 8 Farbtafeln, Pappband. **DM 19,80**/S 159,–

Kleines Dankeschön für die charmante
Gastgeberin
(2218) Von S. Gräfin Schönfeldt, 80 S., 46 Farbabb., Pappband. **DM 9,80**/S 85,–

Familienforschung · Ahnentafel · Wappenkunde
Wege zur eigenen Familienchronik. (0744) Von P. Bahn, 128 S., 8 Farbtafeln, 30 Abbildungen, kart. **DM 14,80**/S 119.–

Die Kunst der freien Rede
Ein Intensivkurs mit vielen Übungen, Beispielen und Lösungen. (4189) Von G. Hirsch, 232 S., 11 Zeichnungen, Pappband. **DM 29,80**/S 239.–

Reden zur Taufe, Kommunion und Konfirmation
(0751) Von G. Georg, 96 S., kart.
DM 6,80/S 59,–

Der richtige Brief zu jedem Anlaß
Das moderne Handbuch mit 400 Musterbriefen. (4179) Von H. Kirst, 376 S., Pappband. **DM 26,80**/S 218,–

Von der Verlobung zur Goldenen Hochzeit
(0393) Von E. Ruge, 120 S., kart.
DM 6,80/S 59.–

Reden zur Hochzeit
Musteransprachen für Hochzeitstage. (0654) Von G. Georg, 112 S., kart.
DM 6,80/S 59.–

Glückwünsche, Toasts und Festreden zur Hochzeit.
(0264) Von I. Wolter, 128 S., 18 Zeichnungen, kart. **DM 7,80**/S 69.–

Hochzeits- und Bierzeitungen
Muster, Tips und Anregungen. (0288) Von H.-J. Winkler, mit vielen Text- und Gestaltungsanregungen, 116 S., 15 Abb., 1 Musterzeitung, kart. **DM 6,80**/ S 59.–

Kindergedichte zur Grünen, Silbernen und Goldenen Hochzeit
(0318) Von H.-J. Winkler, 104 S., 20 Abb., kart. **DM 5,80**/S 49.–

Die Silberhochzeit
Vorbereitung · Einladung · Geschenkvorschläge · Dekoration · Festablauf · Menüs · Reden · Glückwünsche. (0542) Von K. F. Merkle, 120 S., 41 Zeichnungen, kart.
DM 9,80/S 79.–

Großes Buch der Glückwünsche
(0255) Hrsg. von O. Fuhrmann, 240 S., 77 Zeichnungen und viele Gestaltungsvorschläge, kart. **DM 9,80**/S 79.–

Neue Glückwunschfibel
für Groß und Klein. (0156) Von R. Christian-Hildebrandt, 96 S., kart.
DM 4,80/S 39.–

Glückwunschverse für Kinder
(0277) Von B. Ulrici, 80 S., kart.
DM 5,80/S 49.–

Die Redekunst
Rhetorik · Rednererfolg (0076) Von K. Wolter, überarbeitet von Dr. W. Tappe, 80 S., kart. **DM 5,80**/S 49.–

Reden und Ansprachen
für jeden Anlaß. (4009) Hrsg. von F. Sicker, 454 S., gebunden. **DM 39,–**/S 319.–

Reden zum Jubiläum
Musteransprachen für viele Gelegenheiten (0595) Von G. Georg, 112 S., kart.
DM 6,80/S 59.–

Reden zum Ruhestand
Musteransprachen zum Abschluß des Berufslebens (0790) Von G. Georg, 104 S., kart. **DM 7,80**/S 69,–

Reden und Sprüche zu Grundsteinlegung, Richtfest und Einzug
(0598) Von A. Bruder, G. Georg, 96 S., kart. **DM 6,80**/S 59.–

Reden zu Familienfesten
Musteransprachen für viele Gelegenheiten. (0675) Von G. Georg, 108 S., kart. **DM 6,80**/S 59.–

Reden zum Geburtstag
Musteransprachen für familiäre und offizielle Anlässe. (0773) Von G. Georg, 104 S., kart. **DM 7,80**/S 69,–

Festreden und Vereinsreden
Ansprachen für festliche Gelegenheiten. (0069) Von K. Lehnhoff, E. Ruge, 88 S., kart. **DM 5,80**/S 49.–

Reden im Verein
Musteransprachen für viele Gelegenheiten. (0703) Von G. Georg, 112 S., kart., **DM 6,80**/S 59.–

Trinksprüche
Fest- und Damenreden in Reimen. (0791) Von L. Metzner, 88 S., 14 s/w-Zeichnungen, kart. **DM 7,80**/S 69,–

Trinksprüche, Richtsprüche, Gästebuchverse
(0224) Von D. Kellermann, 80 S., kart.
DM 5,80/S 49.–

Ins Gästebuch geschrieben
(0576) Von K. H. Trabeck, 96 S., 24 Zeichnungen, kart. **DM 7,80**/S 69.–

Poesiealbumverse
Heiteres und Besinnliches. (0578) Von A. Göttling, 112 S., 20 Zeichnungen, Pappband. **DM 14,80**/S 119.–

Verse fürs Poesiealbum
(0241) Von I. Wolter, 96 S., 20 Abb., kart.
DM 5,80/S 49.–

Rosen, Tulpen, Nelken . . .
Beliebte Verse fürs Poesiealbum
(0431) Von W. Pröve, 96 S., 11 Faksimile-Abb., kart. **DM 5,80**/S 49.–

Der Verseschmied
Kleiner Leitfaden für Hobbydichter. Mit Reimlexikon. (0597) Von T. Parisius, 96 S., 28 Zeichnungen, kart.
DM 7,80/S 69.–

Was wäre das Leben ohne Hoffnung
Trostreiche Worte
(2224) Hrsg. E. Heinold, 80 S., 23 Farbfotos, Pappband. **DM 9,80**/S 85,–

Moderne Korrespondenz
Handbuch für erfolgreiche Briefe. (4014) Von H. Kirst und W. Manekeller, 544 S., gebunden. **DM 39,–**/S 319.–

Der neue Briefsteller
Musterbriefe für alle Gelegenheiten. (0060) Von I. Wolter-Rosendorf, 112 S., kart. **DM 5,80**/S 49.–

Geschäftliche Briefe
des Privatmanns, Handwerkers, Kaufmanns. (0041) Von A. Römer, 120 S., kart. **DM 6,80**/S 59.–

Behördenkorrespondenz
Musterbriefe – Anträge – Einsprüche. (0412) Von E. Ruge, 120 S., kart.
DM 7,80/S 69.–

Musterbriefe
für alle Gelegenheiten. (0231) Hrsg. von O. Fuhrmann, 240 S., kart.
DM 9,80/S 79.–

Privatbriefe
Muster für alle Gelegenheiten. (0114) Von I. Wolter-Rosendorf, 132 S., kart.
DM 6,80/S 59.–

Briefe zu Geburt und Taufe
Glückwünsche und Danksagungen. (0802) Von H. Beitz, 96 S., 12 Zeichnungen, kart. **DM 9,80**/S 79.–

Erfolgstips für den Schriftverkehr
Briefwechsel leicht gemacht durch einfachen Stil und klaren Ausdruck (0678) Von J. Werbellin, 120 S., kart.
DM 8,80/S 74.–

Worte und Briefe der Anteilnahme
(0464) Von E. Ruge, 128 S., mit vielen Abb., kart. **DM 9,80**/S 79.–

Reden in Trauerfällen
Musteransprachen für Beerdigungen und Trauerfeiern (0736) Von G. Georg, 104 S., kart. **DM 6,80**/S 59,–

Lebenslauf und Bewerbung
Beispiele für Inhalt, Form und Aufbau. (0428) Von H. Friedrich, 112 S., kart.
DM 6,80/S 59:–

Erfolgreiche Bewerbungsbriefe und Bewerbungsformen.
(0138) Von W. Manekeller, 88 S., kart.
DM 5,80/S 49.–

Die erfolgreiche Bewerbung
Bewerbung und Vorstellung. (0173) Von W. Manekeller, 156 S., kart.
DM 9,80/S 79.–

Die Bewerbung
Der moderne Ratgeber für Bewerbungsbriefe, Lebenslauf und Vorstellungsgespräche. (4138) Von W. Manekeller, 264 S., Pappband. **DM 19,80**/S 159.–

Vorstellungsgespräche
sicher und erfolgreich führen. (0636) Von H. Friedrich, 144 S., kart.
DM 9,80/S 79.–

Keine Angst vor Einstellungstests
Ein Ratgeber für Bewerber. (0793) Von Ch. Titze, 120 S., 67 Zeichnungen, kart. **DM 9,80**/S 79,–

Zeugnisse im Beruf
richtig schreiben, richtig verstehen. (0544) Von H. Friedrich, 112 S., kart. **DM 9,80**/S 79.–

In Anerkennung Ihrer . . . ,
Lob und Würdigung in Briefen und Reden.
(0535) Von H. Friedrich, 136 S., kart. **DM 9,80**/S 79.–

Erfolgreiche Kaufmannspraxis
Wirtschaftliche Grundlagen, Geld, Kreditwesen, Steuern, Betriebsführung, Recht, EDV. (4046) Von W. Göhler, H. Gölz, M. Heibel, Dr. D. Machenheimer, 544 S., gebunden. **DM 39,–**/S 319.–

Der Rechtsberater im Haus
(4048) Von K.-H. Hofmeister, 528 S., gebunden. **DM 39,–**/S 319.–

Arbeitsrecht
Praktischer Ratgeber für Arbeitnehmer und Arbeitgeber, (0594) Von J. Beuthner, 192 S., kart. **DM 16,80**/S 139.–

Mietrecht
Leitfaden für Mieter und Vermieter. (0479) Von J. Beuthner, 196 S., kart. **DM 14,80**/S 119.–

Familienrecht
Ehe – Scheidung – Unterhalt. (4190) Von T. Drewes, R. Hollender, 368 S., Pappband. **DM 29,80**/S 239,–

Erziehungsgeld, Mutterschutz, Erziehungsurlaub
Alles über das neue Recht für Eltern. Mit den Gesetzestexten. (0835) Von J. Grönert, 144 S., kart. **DM 12,80**/S 99.–

Scheidung und Unterhalt
nach dem neuen Eherecht. (0403) Von Rechtsanwalt H. T. Drewes, 112 S., mit Kosten- und Unterhaltstabellen, kart. **DM 7,80**/S 69.–

Testament und Erbschaft
Erbfolge, Rechte und Pflichten der Erben, Erbschafts- und Schenkungssteuer, Mustertestamente. (4139) Von T. Drewes, R. Hollender, 304 S., Pappband. **DM 26,80**/S 218.–

Erbrecht und Testament
Mit Erläuterungen des Erbschaftssteuergesetzes von 1974. (0046) Von Dr. jur. H. Wandrey, 124 S., kart. **DM 6,80**/S 59.–

Endlich 18 und nun?
Rechte und Pflichten mit der Volljährigkeit. (0646) Von R. Rathgeber, 224 S., 27 Zeichnungen, kart. **DM 14,80**/S 119.–

Was heißt hier minderjährig?
(0765) Von R. Rathgeber, C. Rummel, 148 S., 50 Fotos, 25 Zeichnungen, kart. **DM 14,80**/S 119,–

Erfolgreiche Bewerbung um einen Ausbildungsplatz
(0715) Von H. Friedrich, 136 S., kart. **DM 9,80**/S 79,–

Elternsache Grundschule
(0692) Hrsg. von K. Meynersen, 324 S., kart. **DM 26,80**/S 218,–

Sexualberatung
(0402) Von Dr. M. Röhl, 168 S., 8 Farbtafeln, 17 Zeichnungen, Pappband. **DM 19,80**/S 159.–

Die Kunst des Stillens
nach neuesten Erkenntnissen (0701) Von Prof. Dr. med. E. Schmidt/ S. Brunn, 112 S., 20 Fotos und Zeichnungen, kart. **DM 9,80**/S 79,–

Wenn Sie ein Kind bekommen
(4003) Von U. Klamroth, Dr. med. H. Oster, 240 S., 86 s/w-Fotos, 30 Zeichnungen, Pappband. **DM 24,80**/S 198.–

Vorbereitung auf die Geburt
Schwangerschaftsgymnastik, Atmung, Rückbildungsgymnastik. (0251) Von S. Buchholz, 112 S., 98 s/w-Fotos, kart. **DM 6,80**/S 59.–

Wie soll es heißen?
(0211) Von D. Köhr, 136 S., kart. **DM 5,80**/S 49.–

Das Babybuch
Pflege · Ernährung · Entwicklung. (0531) Von A. Burkert, 128 S., 16 Farbtafeln, 38 s/w-Fotos, 30 Zeichnungen, kart. **DM 12,80**/ S 99.–

Wenn der Mensch zum Vater wird
Ein heiter-besinnlicher Ratgeber. (4259) Von D. Zimmer, 160 S., 20 Zeichnungen, Pappband. **DM 19,80**/S 159.–

Mitmachen – die Umwelt retten!
Das Öko-Testbuch
Analysen und Experimente zur Eigeninitiative. (4160) Von M. Häfner, 400 Farbfotos, 137 farbige Zeichnungen, Pappband. **DM 39,–**/S 319,–

Die neue Lebenshilfe **Biorhytmik**
Höhen und Tiefen der persönlichen Lebenskurven vorausberechnen und danach handeln. (0458) Von W. A. Appel, 157 S., 63 Zeichnungen, Pappband. **DM 12,80**/S 99.–

Vom Urkrümel zum Atompilz
Evolution – Ursache und Ausweg aus der Krise. (4181) Von Jürgen Voigt, 188 S., 20 Farb- und 70 s/w-Fotos, 32 Zeichnungen, kart. **DM 19,80**/S 159,–

Dinosaurier
und andere Tiere der Urzeit. (4219) Von G. Alschner, 96 S., 81 Farbzeichnungen, 4 Fotos, Pappband. **DM 24,80**/S 198.–

Der Sklave Calvisius
Alltag in einer römischen Provinz 150 n. Chr. (4058) Von A. Ammermann, T. Röhrig, G. Schmidt, 120 S., 99 Farbabb., 47 s/w-Abb., Pappband. **DM 19,80**/S 159.–

ZDF · ORF · DRS
Kompaß Jugend-Lexikon
(4096) Von R. Kerler, J. Blum, 336 S., 766 Farbfotos, 39 s/w-Abb., Pappband. **DM 39,–**/S 319.–

Astrologie
Das Orakel der Sterne. (2211) Von B. A. Mertz, 80 S., 42 Farb- und 15 s/w-Fotos, Pappband. **DM 9,80**/S 85,–

Psycho-Tests
– Erkennen Sie sich selbst. (0710) Von B. M. Nash, R. B. Monchick, 304 S., 81 Zeichnungen, kart. **DM 16,80**/S 139,–

Falken-Handbuch **Astrologie**
Charakterkunde · Schicksal · Liebe und Beruf · Berechnung und Deutung von Horoskopen · Aszendenttabelle. (4068) Von B. A. Mertz, 342 S., mit 60 erläuternden Grafiken, gebunden. **DM 29,80**/S 239.–

Selbst Wahrsagen mit Karten
Die Zukunft in Liebe, Beruf und Finanzen. (0404) Von R. Koch, 112 S., 252 Abb., Pappband. **DM 12,80**/S 99.–

Weissagen, Hellsehen, Kartenlegen . . .
Wie jeder die geheimen Kräfte ergründen und für sich nutzen kann. (4153) Von G. Haddenbach, 192 S., 40 Zeichnungen, Pappband. **DM 19,80**/S 159.–

Frauenträume, Männerträume
und ihre Bedeutung. (4198) Von G. Senger, 272 S., mit Traumlexikon, Pappband. **DM 29,80**/S 239,–

Wahrsagen mit Tarot-Karten
(0482) Von E. J. Nigg, 112 S., 4 Farbtafeln, 52 s/w-Abb., Pappband. **DM 14,80**/S 119.–

Aztekenhoroskop
Deutung von Liebe und Schicksal nach dem Aztekenkalender. (0543) Von C.-M. und R. Kerler, 160 S., 20 Zeichnungen, Pappband. **DM 9,80**/S 79.–

Was sagt uns das Horoskop?
Praktische Einführung in die Astrologie. (0655) Von B. A. Mertz, 176 S., 25 Zeichnungen, kart. **DM 9,80**/S 79.–

Das Super-Horoskop
Der neue Weg zur Deutung von Charakter, Liebe und Schicksal nach chinesischer und abendländischer Astrologie. (0465) Von G. Haddenbach, 175 S., kart. **DM 9,80**/S 79.–

Liebeshoroskop für die 12 Sternzeichen
Alles über Chancen, Beziehungen, Erotik, Zärtlichkeit, Leidenschaft. (0587) Von G. Haddenbach, 144 S., 11 Zeichnungen, kart. **DM 7,80**/S 69.–

Die 12 Sternzeichen
Charakter, Liebe und Schicksal. (0385) Von G. Haddenbach, 160 S., Pappband. **DM 12,80**/S 99.–

Die 12 Tierzeichen im chinesischen Horoskop
(0423) Von G. Haddenbach, 128 S., Pappband. **DM 9,80**/S 79.–

Sternstunden
für Liebe, Glück und Geld, Berufserfolg und Gesundheit. Das ganz persönliche Mitbringsel für Widder (0621), Stier (0622), Zwillinge (0623), Krebs (0624), Löwe (0625), Jungfrau (0626), Waage (0627), Skorpion (0628), Schütze (0629), Steinbock (0630), Wassermann (0631), Fische (0632) Von L. Cancer, 62 S., durchgehend farbig, Zeichnungen, Pappband. **DM 5,–**/S 39.–

So deutet man Träume
Die Bildersprache des Unbewußten. (0444) Von G. Haddenbach, 160 S., Pappband. **DM 9,80**/S 79,–

Die Famillie im Horoskop
Glück und Harmonie gemeinsam erleben – Probleme und Gegensätze verstehen und tolerieren. (4161) Von B. A. Mertz, 296 S., 40 Zeichnungen, kart. **DM 19,80**/S 159,–

Erkennen Sie Psyche und Charakter durch **Handdeutung**
(4176) Von B. A. Mertz, 252 S., 9 s/w-Fotos, 160 Zeichnungen, Pappband. **DM 36,–**/S 298,–

Falken-Handbuch
Kartenlegen
Wahrsagen mit Tarot-, Skat-, Lenormand- und Zigeunerblättern. (4226) Von B. A. Mertz, 288 S., 38 Farb- und 108 s/w-Abb. Pappband. **DM 39,–**/S 319,–

I Ging der Liebe
Das altchinesische Orakel für Partnerschaft und Ehe. (4244) Von G. Damian-Knight, 320 S., 64 s/w-Zeichnungen, Pappband. **DM 29,80**/S 239.–

Wenn die Schwalben niedrig fliegen
Bauernregeln
(2208) Von G. Haddenbach, 80 S., 52 Farbfotos, Pappband. **DM 9,80**/S 85,–

FALKEN VERLAG

Die Preise entsprechen dem Status beim Druck dieses

Bauernregeln, Bauernweisheiten, Bauernsprüche
(4243) Von G. Haddenbach, 192 S., 62 Farbabb. 9 s/w-Fotos, 144 s/w-Zeichnungen, Pappband. **DM 29,80**/S 239,–

Computer

Computer Grundwissen
Eine Einführung in Funktion und Einsatzmöglichkeiten. (4302) Von W. Bauer, 176 Seiten, 193 Farb- und 12 s/w-Fotos, 37 Computergrafiken, kart., **DM 29,80**/S 239.–
(4301) Pappband, **DM 39,–**/S 312.–

Einführung in die Programmiersprache BASIC. (4303) Von S. Curran und R. Curnow, 192 S., 92 Zeichnungen, kart. **DM 19,80**/S 159.–

Lernen mit dem Computer. (4304) Von S. Curran und R. Curnow, 144 S., 34 Zeichnungen, Spiralbindung, **DM 19,80**/S 159.–

Computerspiele, Grafik und Musik
(4305) Von S. Curran und R. Curnow, 147 S., 46 Zeichnungen, Spiralbindung. **DM 19,80**/S 159.–

dBase III
Einführung für Einsteiger und Nachschlagewerk für Profis. (4310) Von J. Brehm, G. A. Karl, 211 S., 23 Abb., kart. **DM 58,–**/S 460,–

Das Medienpaket
Buch und Programmdiskette „dBase III" zusammen (4312) **DM 98,–**/S 784,–

Grundwissen Informationsverarbeitung
(4314) Von H. Schiro, 312 S., 59 s/w-Fotos, 133 s/w-Zeichnungen, Pappband. **DM 58,–**/S 460,–

Heimcomputer-Bastelkiste
Messen, Steuern, Regeln mit C 64-, Apple II-, MSX-, TANDY-, MC-, Atari- und Sinclair-Computern. (4309) Von G. A. Karl, 256 S., 160 Zeichnungen, kart. **DM 39,–**/S 319,–

Drucker und Plotter
Text und Grafik für Ihren Computer. (4315) Von K.-H. Koch, 192 S., 12 Farbtafeln, 5 s/w-Fotos, kart. **DM 39,–**/S 319,–

Textverarbeitung mit Home- und Personal-Computern
Systeme – Vergleiche – Anwendungen. (4316) Von A. Görgens, 128 S., 49 s/w-Fotos, kart. **DM 29,80**/S 239,–

Software

Maschinenschreiben
In 10 Tagen spielend gelernt. Von Bernhard Hoppius. (7008) Diskette für den C 64 und C 128 PC. **DM 49,80** (unverb. Preisempf.), (7009) für IBM + kompatible, **DM 79,–** (unverb. Preisempf.), (7010) für Schneider CPC 464, 664, 6128, **DM 69,–** (unverb. Preisempf.).

The Grammar Master
Englische Grammatik üben und beherrschen.
(7002) C 64-Diskettenversion, **DM 49,80**

Lernhilfen

Deutsch für Ausländer im Selbstunterricht
Ausgabe für Jugoslawen
(0261) Von I. Hladek und E. Richter, 132 S., 62 Zeichnungen, kart. **DM 9,80**/S 79.–

Deutsch – Ihre neue Sprache.
Grundbuch (0327) Von H.-J. Demetz und J. M. Puente, 204 S., mit über 200 Abb., kart. **DM 14,80**/S 119.–

Glossar Italienisch
(0329) Von H.-J. Demetz und J. M. Puente, 74 S., kart. **DM 9,80**/S 79.–

In gleicher Ausstattung:
Glossar Spanisch (0330) **DM 9,80**/S 79.–
Glossar Serbokroatisch (0331) **DM 9,80**/S 79.–
Glossar Türkisch (0332) **DM 9,80**/S 79.–
Glossar Arabisch (0335) **DM 9,80**/S 79.–
Glossar Französisch (0337) **DM 9,80**/S 79.–

Das Deutschbuch
Ein Sprachprogramm für Ausländer, Erwachsene und Jugendliche.
Autorenteam: J. M. Puente, H.-J. Demetz, S. Sargut, M. Spohner.

Grundbuch Jugendliche
(4915) Von Puente, Demetz, Sargut, Spohner, Hirschberger, Kersten, von Stolzenwaldt, 256 S., durchgehend zweifarbig, kart. **DM 19,80**/S 159.–

Grundbuch Erwachsene
(4901) Von Puente, Demetz, Sargut, Spohner, 292 S., durchgehend zweifarbig, kart. **DM 24,80**/S 198.–

Arbeitsheft
zu Grundbuch Erwachsene und Jugendliche. (4903) Von Puente, Demetz, Sargut, Spohner, 160 S., durchgehend zweifarbig, kart. **DM 16,80**/S 139.–

Aufbaukurs
(4902) Von Puente, Sargut, Spohner, 232 S., durchgehend zweifarbig, kart. **DM 22,80**/S 182.–

Lehrerhandbuch Grundbuch Erwachsene
(4904) 144 S., kart. **DM 14,80**/S 119.–

Lehrerhandbuch Grundbuch Jugendliche
(4929) 120 S., kart. **DM 14,80**/S 119.–

Lehrerhandbuch Aufbaukurs
(4930) 64 S., kart. **DM 9,80**/S 79.–

Glossare Erwachsene:
Türkisch
(4906) 100 S., kart. **DM 9,80**/S 79.–
Englisch
(4912) 100 S., kart. **DM 9,80**/S 79.–
Französisch
(4911) 104 S., kart. **DM 9,80**/S 79.–
Spanisch
(4909) 98 S., kart. **DM 9,80**/S 79.–
Italienisch
(4908) 100 S., kart. **DM 9,80**/S 79.–
Serbokroatisch
(4914) 100 S., kart. **DM 9,80**/S 79.–
Griechisch
(4907) 102 S., kart. **DM 9,80**/S 79.–
Portugiesisch
(4910) 100 S., kart. **DM 9,80**/S 79.–
Polnisch
(4913) 102 S., kart. **DM 9,80**/S 79.–
Arabisch
(4905) 100 S., kart. **DM 9,80**/S 79.–

Glossare Jugendliche:
Türkisch
(4927) 104 S., kart. **DM 9,80**/S 79.–
Italienisch
(4932) Von A. Baumgartner, 104 S., kart. **DM 9,80**/S 79.–
Spanisch
(4933) Von M. Weidemann, 104 S., kart. **DM 9,80**/S 79.–
Serbokroatisch
(4934) Von M. Vuckovic, 104 S., kart. **DM 9,80**/S 79.–
Griechisch
(4936) Von Dr. G. Tzounakis, 112 S., kart. **DM 9,80**/S 79.–

Tonband Grundbuch Erwachsene
(4916) Ø 18 cm. **DM 125,–**/S 1.000.–
Tonband Grundbuch Jugendliche
(4917) Ø 18 cm. **DM 125,–**/S 1.000.–
Tonband Aufbaukurs
(4918) Ø 18 cm. **DM 125,–**/S 1.000.–
Tonband Arbeitsheft
(4919) Ø 18 cm. **DM 89,–**/S 712.–
Kassetten Grundbuch Erwachsene
(4920) 2 Stück à 90 Min. Laufzeit. **DM 39,–**/S 319.–
Kassetten Grundbuch Jugendliche
(4921) 2 Stück à 90 Min. Laufzeit. **DM 39,–**/S 319.–
Kassetten Aufbaukurs
(4922) 2 Stück à 90 Min. Laufzeit. **DM 39,–**/S 319.–
Kassette Arbeitsheft Grundbuch
(4923) 60 Min. Laufzeit. **DM 19,80**/S 159.–
Overheadfolien Grundbuch Erwachsene
(4924) 60 Stück **DM 159,–**/S 1.270.–
Overheadfolien Grundbuch Jugendliche
(4925) 59 Stück. **DM 159,–**/S 1.270.–
Overheadfolien Aufbaukurs
(4931) 54 Stück. **DM 159,–**/S 1.270.–
Diapositive Grundbuch Erwachsene
(4926) 300 Stück. **DM 398,–**/S 3.184.–
Bildkarten
zum Grundbuch Jugendliche und Erwachsene. (4928) 200 Stück. **DM 159,–**/S 1.270.–

Arbeitshefte für ausländische Jugendliche in der Berufsvorbereitung
Fachsprache im projektorientierten/fachübergreifenden Unterricht Metall 1
(4937) Von S. Sargut, M. Spohner, 96 S., 30 Farbfotos, 100 Zeichnungen, kart. **DM 14,80**/S 119.–

FALKEN VERLAG

Maschinenschreiben für Kinder
(0274) Von H. Kaus, 48 S., farbige Abb., kart. **DM 5,80**/S 49,–

So lernt man leicht und schnell
Maschinenschreiben
Lehrbuch für Selbstunterricht und Kurse. (0568) Von J. W. Wagner, 112 S., 31 s/w-Fotos, 36 Zeichnungen, kart. **DM 19,80**/ S 159.–

Maschinenschreiben durch Selbstunterricht
(0170) Von A. Fonfara, 84 S., kart. **DM 5,80**/S 49.–

Stenografie leicht gelernt
im Kursus oder Selbstunterricht. (0266) Von H. Kaus, 64 S., kart. **DM 6,80**/S 59.–

Buchführung
leicht gefaßt. Ein Leitfaden für Handwerker und Gewerbetreibende. (0127) Von R. Pohl. 104 S., kart. **DM 7,80**/S 69.–

Buchführung leicht gemacht
Ein methodischer Grundkurs für den Selbstunterricht. (4238) Von D. Machenheimer, R. Kersten, 252 S., Pappband. **DM 26,80**/S 218,–

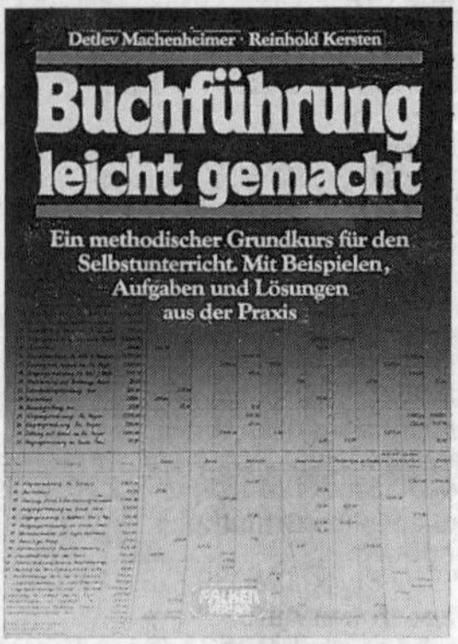

Schülerlexikon der Mathematik
Formeln, Übungen und Begriffserklärungen für die Klassen 5–10. (0430) Von R. Müller, 176 S., 96 Zeichnungen, kart. **DM 9,80**/S 79.–

Mathematik verständlich
Zahlenbereiche Mengenlehre, Algebra, Geometrie, Wahrscheinlichkeitsrechnung, Kaufmännisches Rechnen. (4135) Von R. Müller, 652 S., 10 s/w- und 109 Farbfotos, 802 farbige und 79 s/w-Zeichnungen, über 2500 Beispiele und Übungen mit Lösungen, Pappband. **DM 68,–**/S 549.–

Mathematische Formeln für Schule und Beruf
Mit Beispielen und Erklärungen. (0499) Von R. Müller, 156 S., 210 Zeichnungen, kart. **DM 9,80**/S 79.–

Rechnen aufgefrischt
für Schule und Beruf. (0100) Von H. Rausch, 144 S., kart. **DM 6,80**/S 59.–

Mehr Erfolg in Schule und Beruf
Besseres Deutsch
Mit Übungen und Beispielen für Rechtschreibung, Diktate, Zeichensetzung, Aufsätze, Grammatik, Literaturbetrachtung, Stil, Briefe, Fremdwörter, Reden. (4115) Von K. Schreiner, 444 S., 7 s/w-Fotos, 27 Zeichnungen, Pappband. **DM 29,80**/S 239.–

Richtiges Deutsch
Rechtschreibung · Zeichensetzung · Grammatik · Stilkunde. (0551) Von K. Schreiner, 128 S., 7 Zeichnungen, kart. **DM 9,80**/S 79.–

Diktate besser schreiben
Übungen zur Rechtschreibung für die Klassen 4–8. (0469) Von K. Schreiner, 152 S., 31 Zeichnungen, kart. **DM 9,80**/S 79.–

Aufsätze besser schreiben
Förderkurs für die Klassen 4–10. (0429) Von K. Schreiner, 144 S., 4 s/w-Fotos, 27 Zeichnungen, kart. **DM 9,80**/S 79.–

Deutsche Grammatik
Ein Lern- und Übungsbuch. (0704) Von K. Schreiner, 112 S., kart. **DM 9,80**/S 79.–

Besseres Englisch
Grammatik und Übungen für die Klassen 5 bis 10. (0745) Von E. Henrichs, 144 S., **DM 12,80**/S 99,–

Richtige Zeichensetzung
durch neue, vereinfachte Regeln. Erläuterungen der Zweifelsfragen anhand vieler Beispiele. (0774) Von Prof. Dr. Ch. Stetter, 160 S., kart. **DM 9,80**/S 79,–

Bestellschein

Erfüllungsort und Gerichtsstand für Vollkaufleute ist der jeweilige Sitz der Lieferfirma. Für alle übrigen Kunden gilt dieser Gerichtsstand für das Mahnverfahren. Falls durch besondere Umstände Preisänderungen notwendig werden, erfolgt Auftragserledigung zu dem bei der Lieferung gültigen Preis. Ich bestelle hiermit aus dem Falken-Verlag GmbH, Postfach 1120, D-6272 Niedernhausen/Ts., durch die Buchhandlung:

Ex. ______________________________

Ex. ______________________________

Ex. ______________________________

Ex. ______________________________

Name: ______________________________

Straße: ______________ Ort: ______________

Datum: ______________ Unterschrift: ______________

Für die Schweiz: sFr.-Preise gemäß Preisauszeichnung in der Buchhandlung